Rechecked

däv

Fach-Taschenbücher
für Lehre und Praxis

Birkmayer

Depression

Ft 24

Gewidmet meiner Frau

Depression

Biochemie · Klinik · Therapie

von

Walther Birkmayer

Deutscher Ärzte-Verlag GmbH · 1977

Univ. Professor Dr. med. Walther Birkmayer
Direktor des Ludwig Boltzmann-Instituts für Neurochemie, Wien,
Chefredakteur von Journal of Neural Transmission,
Consultant Neurologist des Evangelischen Krankenhauses Wien,
Schwarzspanierstr. 15, A-1090 Wien

Gesamtherstellung: Deutscher Ärzte-Verlag GmbH, Köln-Lövenich

Inhaltsverzeichnis

„Zur Trauer bin ich nicht gestimmt,
Und Freude kann ich auch nicht haben:
Was sollen mir die reifen Gaben,
Die man von jedem Baume nimmt!“

(Goethe)

Vorwort

Dieser Erfahrungsbericht ist vorwiegend für praktische Ärzte bestimmt. Nicht, daß es für Neurologen und Psychiater verboten wäre, ihn zu lesen, aber die Vermittlung persönlichen Forschungs- und Erfahrungsgutes an Fachkollegen – soweit sie überhaupt dazu kommen, es zu lesen – wird kaum eine Verbesserung der therapeutischen Situation für den Kranken bringen.

Die Depressionen als biologische Dekompensation haben in unserer Zeit derart zugenommen, daß es eine vordringliche Aufgabe ist, den praktischen Ärzten eine Vorstellung der pathogenetischen Faktoren, eine Information des klinischen Bildes und einige Richtlinien zur zielgerichteten Therapie zu geben.

Ziel und Zweck dieser Monographie sollte es daher sein, dem Praktiker eine Hilfe bei der Konfrontation mit dem vielgestaltigen Bild der Depression zu geben.

Einleitung

Kaum ein Krankheitsbild hat in den letzten 50 Jahren in seinem Erscheinungsbild einen solchen Wandel durchgemacht, wie das der Depression. Wenn man in alten Büchern der Psychiatrie das Kapitel über Melancholie liest und mit den heutigen Symptombildern vergleicht, wird man nicht allzu viele Analogien finden. Ein weiteres Kriterium, das die Abfassung eines Buches rechtfertigt, ist die enorme Zunahme der affektiv-emotionalen Dekompensationen, die wir mit dem Ausdruck „Depression" belegen. Da der genetische Code – die Summe der biologisch aktiven Erbeigenschaften – in überschaubaren Zeiten keine Veränderung erfährt, sind wir gezwungen die veränderten Umwelteinflüsse dafür verantwortlich zu machen. Man könnte somit die Depression unserer Zeit als klinisch sichtbaren Ausdruck einer Anpassungsinsuffizienz ansprechen. Die von unserem cortikalen Intellekt bewältigten Lebensaufgaben korrelieren nicht – bzw. noch nicht – mit der affektiv – emotionalen Adaptationspotenz des Hirnstammes. Jede geistige, künstlerische oder sportliche Leistung erfordert eine kommunikative Aktivität der emotionalen Tiefenperson. Ein Wissenschaftler, der seinen Studenten bestechend geistige Informationen übermittelt, wird ohne emotionale Anteilnahme nur eine geringe Tiefenwirkung erzielen. Eine künstlerische Darstellung ohne emotionale Beteiligung des Präsentierenden läßt uns kalt, d. h. affektiv unbeteiligt. Schließlich wird auch ein sportlicher Weltrekord nur produziert, wenn neben einer optimalen Kondition, einer optimalen Koordination eine aktive emotionale Stimmung eine Höchstleistung ermöglicht.

Es hat den Anschein, daß unsere beruflichen, sozialen und ethischen Lebensanforderungen durch den Fortschritt unserer Leistungsgesellschaft die Normen der Adaptation dauernd in die Höhe schrauben ohne daß das Energiekontingent des Hirnstammes, das die vis a tergo für diese biologischen Leistungen darstellt, den Anforderungen entsprechen kann. Jede nicht bewältigte Leistung führt zu einer Dekompensation mit dem entsprechenden klinischen Muster. So geht eine cardiale Dekompensation mit Ödembildung einher. Eine biologische Dekompensation – eine Unfähigkeit geistige, psychische und somatische Anforderungen zu bewältigen – kann sich als Depression präsentieren. Aber auch eine neurotische Fehlhaltung oder eine

Suchtentgleisung sind Zeichen einer biologischen Dekompensation.

Eine weitere Motivation zu einer geschlossenen Darstellung des Problemkreises „Depression" liegt in der Tatsache, daß wir Ärzte in der glücklichen Lage sind, diese biochemisch determinierte Fehlhaltung therapeutisch zu normalisieren und einen harmonischen Zustand der Befindlichkeit und des Verhaltens wieder herzustellen.

1. Biochemie

Abkürzungen:

NA	Noradrenalin
5 HT	Serotonin
DA	Dopamin
VMS	Vanillinmandelsäure
5 HIES	5-Hydroxyindolessigsäure
HVS	Homovanillinsäure
MHPG	3-Methoxy-4-Hydroxy-Phenylglycol
Tyr	Tyrosin
Try	Tryptophan
Tyr.Hydr.	Tyrosin Hydroxylase
DCA	Decarboxylase
COMT	Catecholamin-O-methyltransferase
MAO	Monoamino-Oxydase
ZNS	Zentralnervensystem

Seit *Pötzl* und *Heß* im Jahre 1910 Blutzuckerbelastungen während melancholischer Phasen durchgeführt und veränderte Reaktionen in der depressiven Phase aufgezeigt haben, zieht sich ein kontinuierlicher Faden an chemischen und metabolischen Untersuchungen bis in die jüngste Zeit. Die Annahme von Hippokrates über die körperlichen Ursachen der Melancholie spiegelt sich in diesen andauernden Forschungen. Bei den vielen Untersuchungen über den Hormonhaushalt und über den Mineralstoffwechsel muß man sich immer wieder die Frage vorlegen: „Sind die biochemisch faßbaren Daten Ursache oder eben nur chemische Symptome des pathologischen Verhaltens?

Eine schöpferische Phase begann mit der Entdeckung verschiedener biogener Amine im Hirnstamm. *Von Euler* (1946) und *Vogt* (1954) fanden eine Akkumulierung von Noradrenalin, *Twarog* (1953) und *Amin* (1953) eine Anhäufung von Serotonin im Hirnstamm. *Carlsson* (1958) schließlich konnte besonders hohe Werte von Dopamin in den Basalganglien demonstrieren. Eine Anhäufung bestimmter chemischer Wirkstoffe in bestimmten Hirnregionen läßt darauf schließen, daß diese Stoffe mit den spezifischen Funktionen dieser Regionen einen Konnex haben müssen. Nun ist der Hirnstamm eine Regulationsstätte der autonomen Funktionen (Schlaf, Kreislauf, Temperatur, hormonale Steuerung usw.), der gesamten affektiv-emotionalen Verhaltensweisen, der Summe der extrapyramidalen Motorik und aller Instinktbewegungen. Das gesamte Funktionsgebäude des Triebes zur Lebens- und Arterhaltung, das wir mit der animalischen Evolutionsreihe gemeinsam haben, ist in den diversen Hirnstammregionen – einschließlich dem limbischen System – repräsentiert. Wir haben guten Grund, die biogenen Amine (5 HT, NA, DA) als Überträgersubstanzen dieser Funktionen anzusprechen. Als schließlich *Brodie* (1957) zeigen konnte, daß Reserpin eine Entleerung der cerebralen Lager an 5 HT und NA auslöste, war ein Denkanstoß für die biochemische Depressionsforschung gegeben. Es war eine klinische Erfahrung, daß im Rahmen einer Hochdruckbehandlung mit Reserpin und analogen Drogen bei 10 % der Patienten Verstimmungszustände nach Art einer Depression in Erscheinung traten. Eine Verarmung des Hirnstammes an NA und 5 HT wurde folgerichtig als Ursache der Depression angesprochen. Die Schwierigkeiten zielführender Untersuchungen liegen darin, daß ein sicherer Beweis nur vorläge, wenn man die entsprechenden Hirnregionen auf ihren Gehalt an biogenen Aminen untersuchen könnte. Das stößt natürlich auf Hindernisse, da niemand unmittelbar an einer Depression stirbt. Die biochemischen Analysen verwertbarer Gehirne von verstorbenen Depressiven müssen von Patienten stammen, die durch Selbstmord ihr Leben beendet haben oder die an intercurrenten Erkrankungen während einer depressiven Phase gestorben sind. Da diese Voraussetzungen selten zutreffen, sind verbindliche Daten nur von wenigen Analysen bekannt. Man hat daher die **biochemischen Untersuchungen** zunächst hauptsächlich **im Liquor cerebrospinalis und im Harn** vorgenommen. In diesen Flüssigkeiten hat man vorwiegend die Metaboliten, d. h. die Abbaustoffe der biogenen Amine, untersucht. Nun kann man sich leicht vorstellen, daß die im Harn gefundenen Werte der Vanillinmandelsäure (VMS), – Abbauprodukt des NA –, der Homovanillinsäure (HVS), – Abbauprodukt des DA – und der 5-Hydroxy-Indolessigsäure (5 HIES), – Abbauprodukt des 5 HT –, nicht ohne weiteres auf die Werte des Zentralnervensystems bezogen werden können. NA ist der Überträgerstoff für das gesamte periphere sympathische System; 5 HT kommt im gesamten Verdauungstrakt in hoher Konzentration vor. Die gefundenen Werte entsprechen daher nur in einem geringen Prozentsatz den Abbaustoffen des Gehirns. Nicht einmal die Werte im Liquor können ausschließlich auf die nervöse Hirnstruktur bezogen werden, da auch in den Wänden der Hirngefäße biogene Amine vorhanden sind, deren Abbauprodukte im Liquor aufscheinen, ohne den Werten der Ganglienzellen zu entsprechen. So konnte *Glowinski* (1965) zeigen, daß nur 2,8 % der VMS im Harn aus dem Hirnstoffwechsel stammen. Von einem Abbauprodukt des NA, dem 3-Methoxy-4-Hydroxy-Phenylglycol (MHPG), wird angenommen, daß es aus dem Zentralnervensystem stammt. *(Maas,* 1968).

Es gibt nun im wesentlichen
3 Theorien der biochemischen Depressionsgenese:

1. *Schildkraut* (1965) machte ein Defizit von NA bzw. eine Störung des Catecholaminstoffwechsels für die Genese der Depression verantwortlich. U. a. fand er bei Depressionen niedrige MHPG Werte im Liquor, die nach Imipramin (Tofranil) anstiegen.

2. *Ashcroft* (1962) und Coppen (1965) machten ein Defizit und eine Störung des 5 HT Stoffwechsels verantwortlich.

3. *Birkmayer* (1966) fand in Gehirnen verstorbener Depressiver sowohl eine Verminderung des NA als auch eine Verminderung des 5 HT. Vor allem aber war die Relation von NA zu 5 HT gegenüber Kontrollgehirnen verändert. Diese Fakten führten zur Theorie der

Balancestörung der biogenen Amine als Auslöser der Depression.

Abbildung 1 zeigt den Weg der Catecholaminsynthese, der besonders vom deutschen Pharmakologen *Holtz* (1938) aufgeklärt wurde. Ausgangspunkt ist die Aminosäure Phenylalanin. Durch die Tätigkeit der Hydroxylase entsteht daraus die Aminosäure Tyrosin. Durch die Tyr.Hydr. entsteht Dopa, durch die Decarboxylase entsteht aus Dopa – Dopamin, (Überträgerstoff der extrapyramidalen Motorik). Durch die Betahydroxylase entsteht aus DA: NA. Die COMT baut NA zu Nor-Metadrenalin um, und die MAO steuert den weiteren Abbau zur VMS. Als Endprodukt entsteht das MHPG. Durch die gleichen Enzyme wird DA zu HVS abgebaut.

Abbildung 2 gibt den Weg der 5 HT Synthese wieder. Die Ausgangsaminosäure ist das Try. Durch die Try.Hydr. entsteht 5-Hydroxytryptophan (5 HTP), durch die DCA: 5 HT. das Endprodukt des Metabolismus ist die 5 HIES.

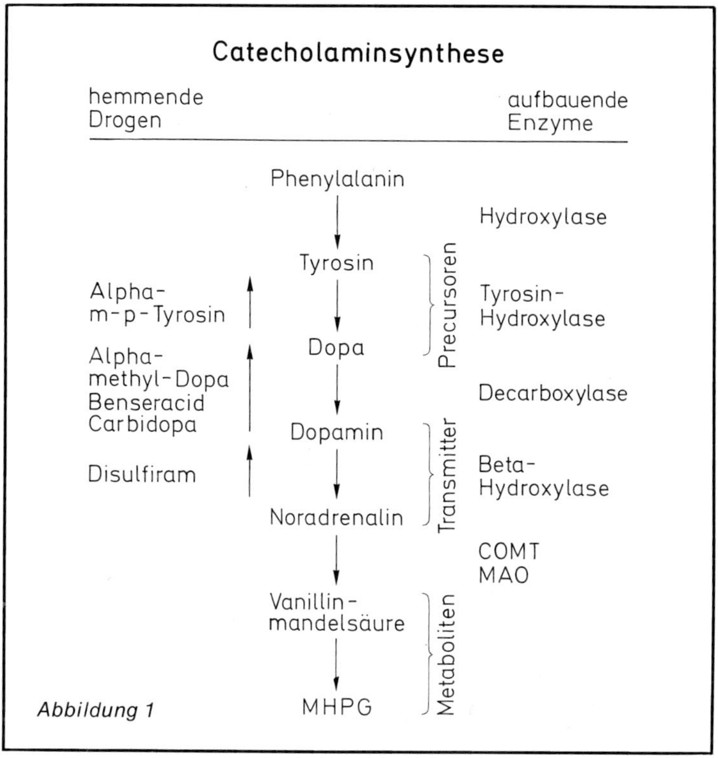

Abbildung 1

Abbildung 2

Indol-amin-synthese

Tryptophan

Hydroxylase

5-Hydroxytryptophan

Decarboxylase

5-Hydroxytryptamin
(Serotonin)

5-Hydroxy-indolessigsäure

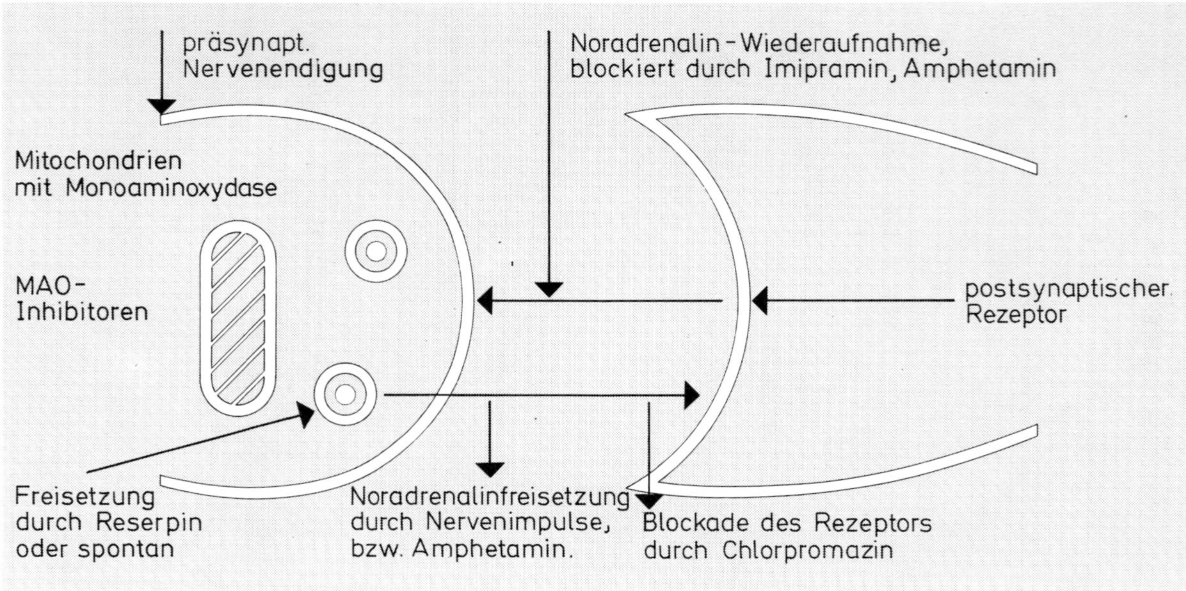

Abbildung 3: Schema der transsynaptischen Erregungsübertragung

Abbildung 3 gibt ein Schema der transsynaptischen Erregungsübertragung wieder. Im Neuron bzw. in der peripheren Nervenendigung sind die biogenen Amine in Pools gelagert, die elektronen-optisch als Bläschen (dense core vesicel) darstellbar sind. Die Synthese erfolgt durch die Enzymtätigkeit in den Mitochondrien. Die MAO baut intraneuronal überschüssige biogene Amine ab und stellt ein Gleichgewicht her. Physiologische Reize, aber auch pharmakologische Stoffe, z. B. Reserpin, setzen die biogenen Amine frei (release Vorgang). Die Moleküle durchdringen die synaptische Membran, passieren den synaptischen Spalt und erreichen den Rezeptor. Ca. 90 % der Überträgerstoffe werden rückresorbiert, sie passieren in umgekehrter Richtung die präsynaptische Membran und werden wieder in den Pools gelagert – ein Vorgang, der allgemein als „re-uptake" bezeichnet wird. Auf dem Weg durch den synaptischen Spalt werden die Überträgerstoffe von der COMT abgebaut.

Die Funktionsauslösung durch die verschiedenen Überträgerstoffe kann vielfach gestört werden, z. B. durch eine Blockade der Synthese, verursacht durch einen Enzymdefekt, also eine Enzymopathie. Das Resultat ist ein reduziertes Niveau an NA, DA bzw. 5 HT. Dieses Defizit führt zu einer Funktionseinbuße. Eine gesteigerte Aktivität der MAO im Neuron kann durch vermehrten Abbau der biogenen Amine ebenfalls ein reduziertes Niveau an Überträgerstoffen verursachen. Schließlich kann ein Defizit an biogenen Aminen in den Pools der Neuronen durch eine vermehrte Umsetzrate (turnover) ausgelöst werden. In diesem Fall kann man durch Analyse der Metaboliten (HVS, VMS, 5 HIES) eine Erhöhung dieser Abbaustoffe im Liquor bzw. im Harn finden.

Das Resultat eines solchen Defizits an biogenen Aminen ist ein klinisch beobachtbares Symptomen-Bild, beispielsweise ein Parkinson Syndrom, bzw. eine Depression.

Wie liegen die biochemischen Daten beim Depressions-Syndrom?

Abbildung 4 zeigt die Werte von Tyr. Man sieht, daß die Werte bei den verstorbenen Depressiven keine signifikanten Unterschiede gegenüber den Kontrollfällen aufweisen. D. h., die Verminderung des Precursors Tyr. kann nicht die Ursache des DA bzw. NA-Mangels sein.

Abbildung 4: Tyrosin-Werte in verschiedenen Kernregionen des Hirnstammes

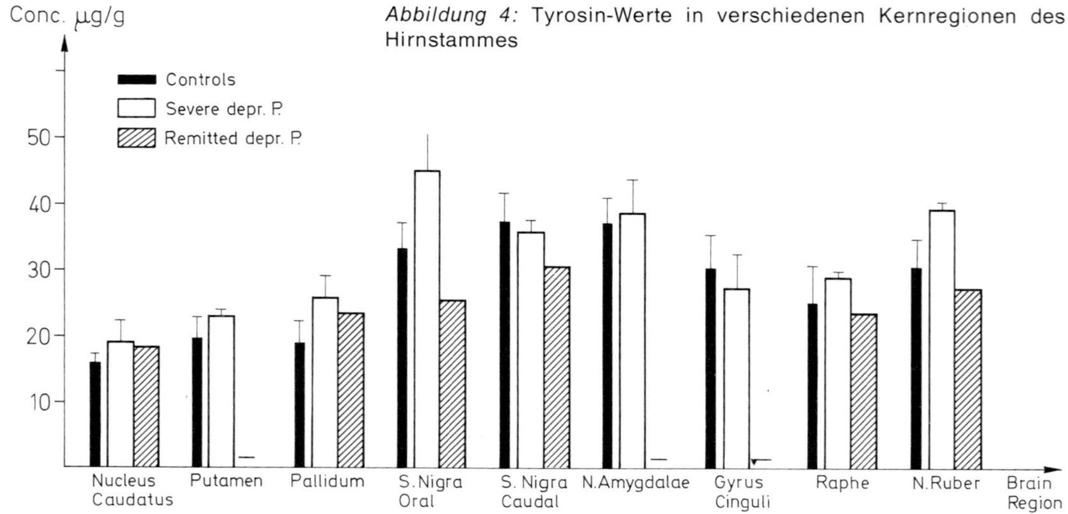

■ = 12 Kontrollfälle
□ = verstorbene Depressionen (3)
▨ = in Remission verstorbener, depressiver Patient (1)

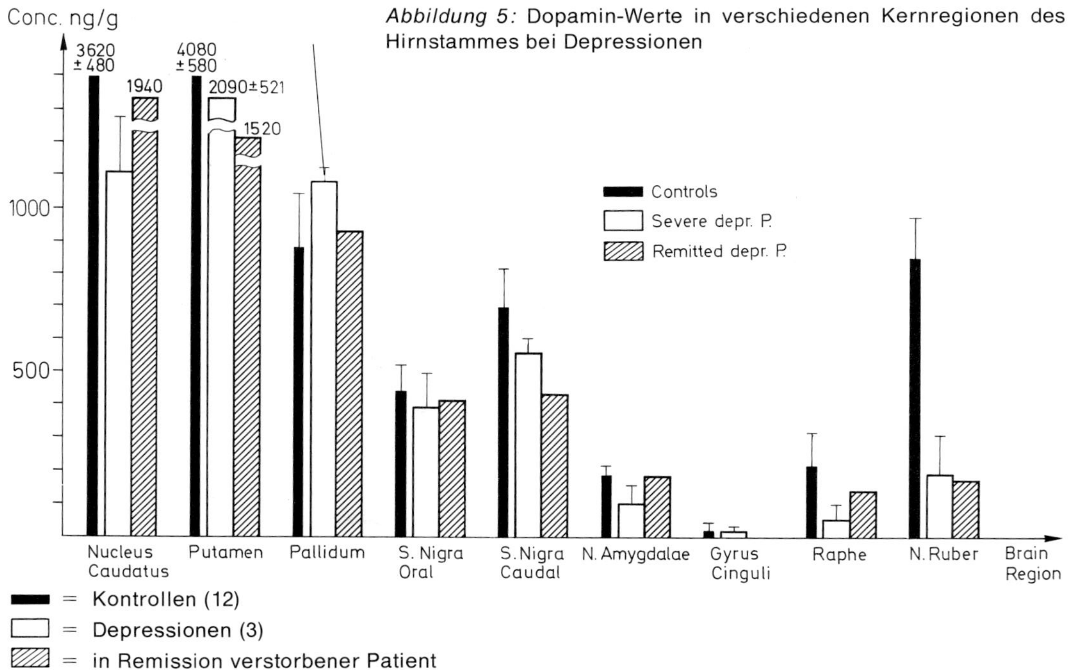

Abbildung 5: Dopamin-Werte in verschiedenen Kernregionen des Hirnstammes bei Depressionen

Abbildung 5 zeigt die DA Werte beim Depressions-Syndrom. Eine besonders ausgeprägte Verminderung liegt im nucleus caudatus, im putamen, in der raphe und im n.ruber vor, wogegen im pallidum, substantia nigra, n.amygdalae und gyr.cinguli keine signifikanten Differenzen aufscheinen. Das besonders hohe Defizit an DA im n.ruber könnte man für die gebeugte, schlaffe Körperhaltung des Depressiven verantwortlich machen. Der n.ruber tritt in der Evolution erstmals bei Tieren auf, die vom Wasser auf das Land wechseln. Er stellt ein motorisches Integrationszentrum dar, das alle Innervationen, die gegen die Schwerkraft gerichtet sind, koordiniert. So betrachtet, ist die Hypotonie der gesamten Streckmuskulatur – von den Rückenstreckern bis zur Streckmuskulatur der unteren Extremitäten – beim Depressiven verständlich. Das DA Defizit im striatum könnte man mit der reduzierten Gesamtmotorik des Depressiven in Einklang bringen. Als Ursache dieses DA Mangels kommt ein Enzymdefekt in Betracht. Es ist noch unentschieden, ob die Insuffizienz der Tyr.Hydr. (Stufe vom Tyr. zum Dopa) oder eine Inaktivität der Decarboxylase (Stufe vom Dopa zum DA) verantwortich zu machen ist. Die dritte Säule zeigt die Werte bei einem remittierten Depressiven, der intercurrent verstorben ist. Man sieht, daß zumindest in einigen Kerngebieten ein Trend zur Normalisierung aufscheint.

Abbildung 6 zeigt die Werte des NA in verschiedenen Hirnstammregionen. Ein relatives Defizit besteht im caudatum, ein beträchtliches im n.amygdalae und im n.ruber, wogegen in der oralen Zone der s.nigra der NA Gehalt beträchtlich erhöht ist. Es ist vorstellbar, daß dieser erhöhte NA Gehalt mit dem Symptom der pathologischen Angst zu korrelieren wäre.

Abbildung 7 zeigt die Werte von Try. Zwischen den Depressiven und den Kontrollfällen besteht kein signifikanter Unterschied.

Abbildung 8 gibt die Werte des 5 HT wieder. In allen untersuchten Regionen ist ein beträchtliches – allerdings variables – Defizit ersichtlich. Besonders ausgeprägt ist das Defizit in der s.nigra, im n.amygdalae und vor allem in der raphe. Es liegt nahe, den erniedrigten 5 HT Wert für die Schlafstörung des Depressiven verantwortlich zu machen. Nach den Untersuchungen von *Jouvet* (1967) ist 5 HT der spezifische Überträgerstoff für die Schlafauslösung. Da die Werte von Try normal sind, ist das 5 HT Defizit auf eine insuffiziente Enzymaktivität – entweder der Try Hydroxylase oder der Decarboxylase – zu beziehen.

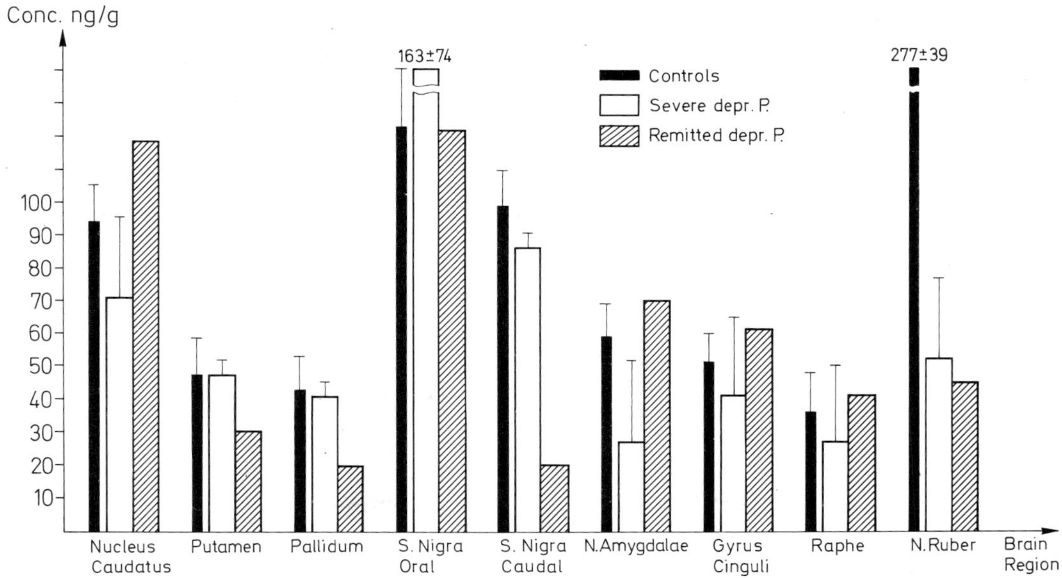

Abbildung 6: Noradrenalin-Werte in verschiedenen Hirnregionen bei Depressionen

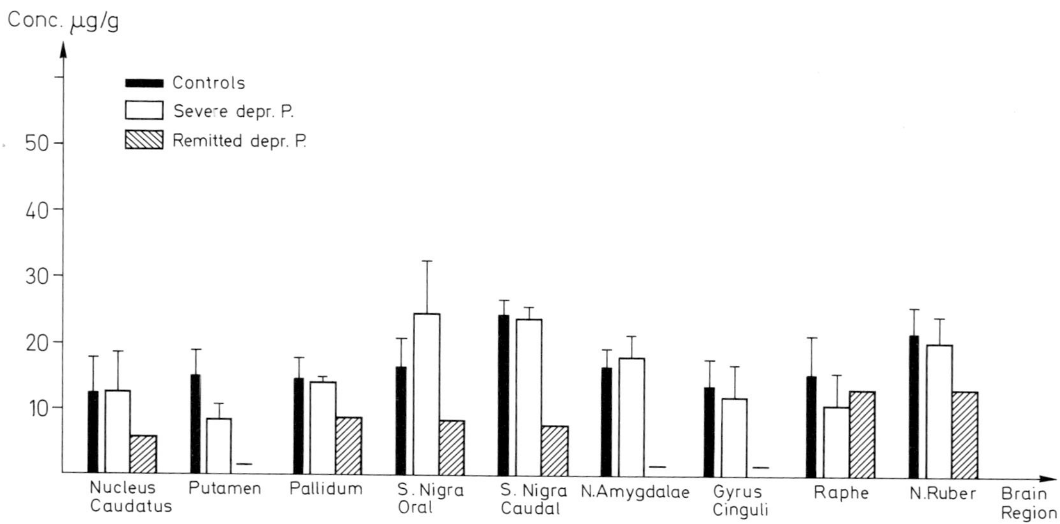

Abbildung 7: Tryptophan-Werte in verschiedenen Hirnregionen depressiver Patienten

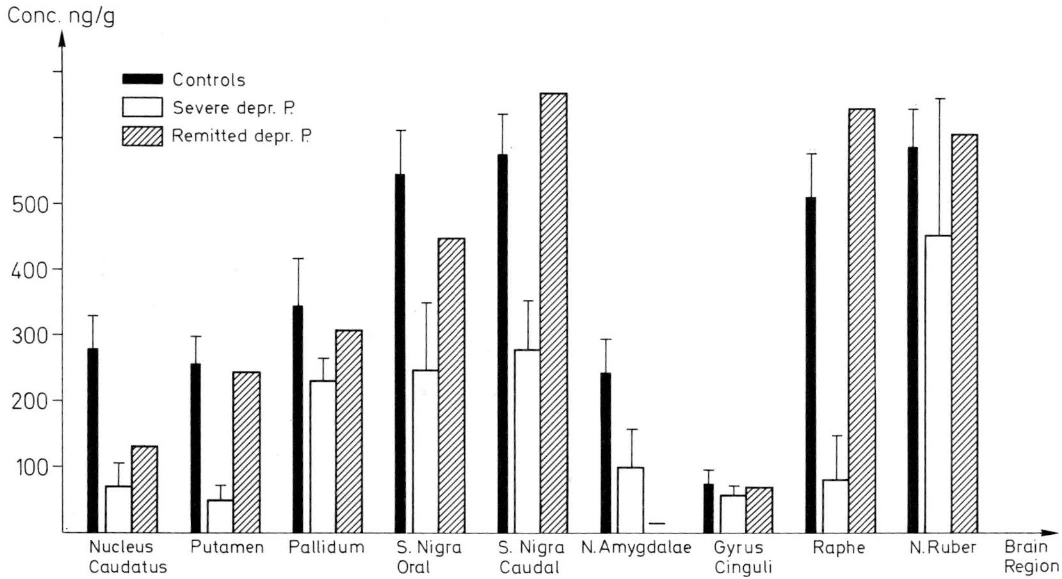

Abbildung 8: Serotonin-Werte in verschiedenen Hirnregionen depressiver Patienten

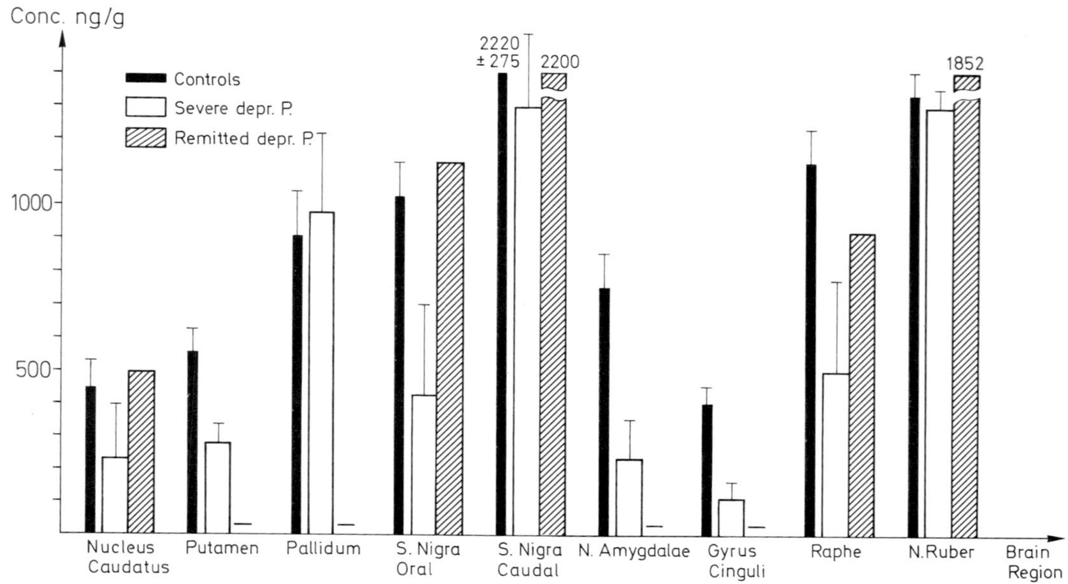

Abbildung 9: 5-Hydroxy-indolessigsäure-Werte in verschiedenen Hirnregionen depressiver Patienten

Abbildung 9 schließlich zeigt die Werte der 5 HIES, des Abbaustoffes des 5 HT. Die Werte sind – mit Ausnahme im pallidum und im n. ruber – erniedrigt. Das zeigt an, daß die Ursache des 5 HT Defizits nicht in einer vermehrten Umsetzrate liegt, sonst müßten ja die 5 HIES Werte erhöht sein.

Die Zusammenstellung dieser Werte beweist unsere Theorie von der Balancestörung als Auslöser der Depression. Es sind sowohl die Werte von DA als auch von NA, aber auch die 5 HT Werte erniedrigt. In den einzelnen Kerngebieten sind **die Veränderungen variabel.** Vor allem das Verhältnis der catecholaminergischen zu den serotoninergischen Transmitterstoffen ist verschoben. Diese Ratio : Catecholamine zu Indolaminen ist bei der Depression pathologisch verändert *(Tabelle 1).*

Tabelle 1: MHPG (ng/g)

	Controls	Depression
Caudatum	13.26 ± 3.87	16.1 ± 13.1
Putamen	12.2 ± 4.69	28.9 ± 8.92
Pallidum	26.12 ± 11.47	7.45 ± 3.86
S. nigra	89.2 ± 12.14	18.5 ± 18.5
N. amygdalae	15.63 ± 7.0	18.5 ± 5.61
Gyr. cinguli	27.0 ± 17.32	15.0
Raphe	39.7 ± 7.62	19.9 ± 0.84
N. ruber	17.0 ± 1.89	25.45 ± 15.95

Unsere Befunde von erniedrigtem NA und 5 HT in den Gehirnen verstorbener, depressiver Patienten *(Birkmayer,* 1966) werfen die Frage auf, ob dieses Defizit durch ein vermindertes Angebot an Aminosäuren im Plasma oder durch eine gesteigerte Umsetzrate (turnover) im Gehirn zustande kommt. Zur Klärung begannen wir die Vorstufe des DA und NA – die Aminosäure Tyrosin – und die Vorstufe des 5 HT – das Tryptophan – im Plasma zu untersuchen. Schon die ersten **Analysen im Plasma** nüchterner depressiver Kranker ergaben sowohl niedrigere Tyr- als auch niedrigere Try-Werte *(Birkmayer,* et al. 1968). Als besonders spezifisch konnten wir bei der Erfassung des 24 Stunden Rhytmus zeigen, daß die Morgenwerte von Tyr im Gegensatz zu den Kontrollen ab-

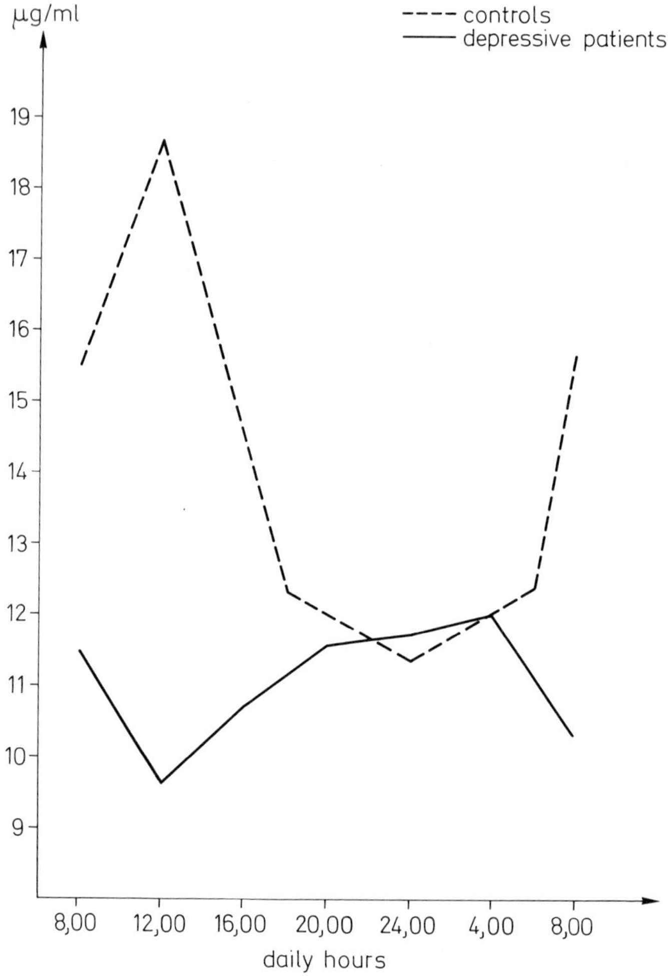

Abbildung 10: 24 Stunden-Werte von Tyrosin im Plasma bei Kontrollen und depressiven Patienten. Paradoxes Verhalten bei Depressionen, Abfall statt Anstieg in den Vormittagsstunden

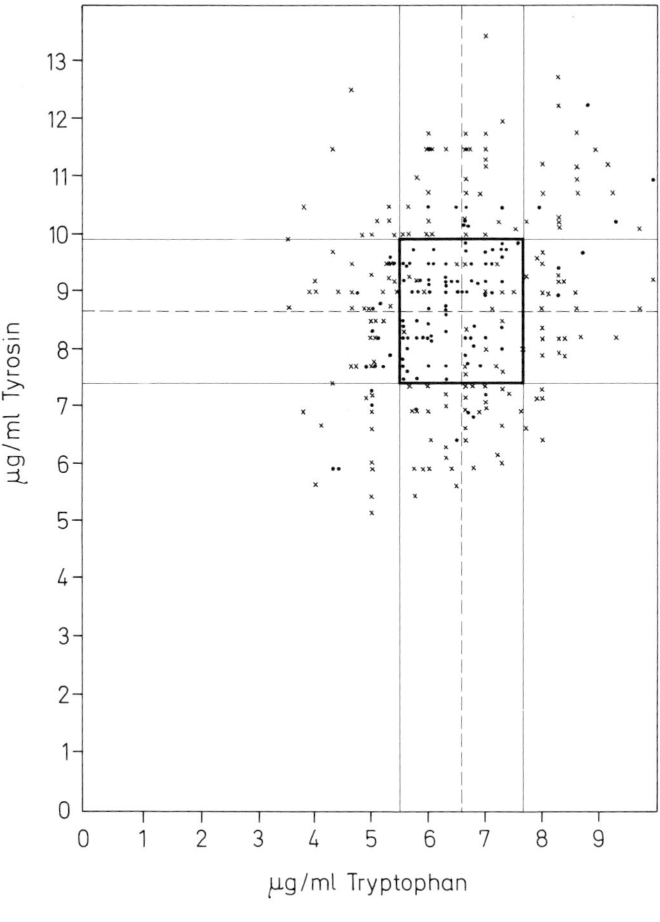

Abbildung 11: Diagramm der Ratio zwischen Tyrosin und Tryptophan.

● = Kontrollfälle und remittierte Depressionen
x = Depressionen

sanken und erst am Abend fast normale Werte erreicht wurden, (*Abbildung 10*), (*Birkmayer,* et al. 1970). Nach E-Schockbehandlung zeigten die Aminosäuren signifikante Anstiege. An einem großen Patientenkollektiv konnte *Riederer* (1973) zeigen, daß die Erniedrigung von Tyr bzw. von freiem und gebundenem Try wohl charakteristisch für die meisten Depressiven war, daß aber als entscheidendes Ergebnis die Ratio, also das Verhältnis zwischen Tyr und Try, verschoben war. Die Normalwerte von Tyr betrugen 8,67 μg/ml ($\pm$ 1.40), von Try 6.75 μg/ml ($\pm$ 1.20). Der Quotient Tyr/Try betrug 1.32 ($\pm$ 0,23). Alle drei Werte sind zur Beurteilung einer Depression heranzuziehen. Die Werte stammen von 81 Depressiven, die im Durchschnitt 11 Monate hindurch untersucht wurden. 90 % dieses Depressionskollektivs zeigten eine Abweichung von dieser Standard-ratio, 74 % der remittierten Depressionen kehrten zur Standard-ratio 1.32 zurück. Während die erniedrigten Tyr- und Try-Werte für sich allein betrachtet nicht immer typische Abweichungen aufweisen *(Benkert,* 1971, *Klempel,* 1972), ist die Verschiebung des Verhältnisses zwischen Tyr und Try ein sicherer Hinweis auf das Vorliegen einer depressiven Verstimmung. *(Abbildung 11).* Diese biochemische Veränderung der Precursoren Tyr und Try im Rahmen einer depressiven Phase zeigt an, daß dem Depressionssyndrom eine generelle Enzymstörung zugrunde liegt, die nicht nur im ZNS Auswirkungen zeigt, sondern auch in der Peripherie Störmuster produziert, die wir besonders für das klinische Bild der sogenannten larvierten Depression verantwortlich machen können.

Als letzte Flüssigkeit, die einen Aufschluß über den **Metabolismus** der biogenen Amine geben kann, kommt der **Harn** in Frage. VMS als Abbaustoff des NA, HVS als Abbaustoff des DA und 5 HIES als Abbaustoff des 5 HT wurden in 4 Portionen des 24-Stundenharns (I von 8 – 14 h, II von 14 – 20 h, III von 20 – 2 h und IV von 2 – 8 h) bestimmt *(Riederer, Birkmayer,* 1974). HVS erwies sich in den ersten drei Phasen, d. h., von 8 h früh bis 2 h nachts, signifikant erniedrigt (*Abbildung 12*). Da DA der Transmitter für alle automatischen Bewegungen und des Muskeltonus ist, nimmt es nicht wunder, daß während der Tagesphase die HVS erniedrigt ist, denn der Depressive bewegt sich ja wesentlich weniger. Die verminderte HVS – Ausscheidung ist sicher nicht ausschließlich auf das DA im ZNS zu beziehen, sondern auf den Umsatz im gesamten Organismus. VMS *(Abbildung 13)* zeigt nur in der ersten Tagesphase eine signifikante Erniedrigung, was mit der morgendlichen Tiefphase der Depressiven übereinstimmt. Sämtliche

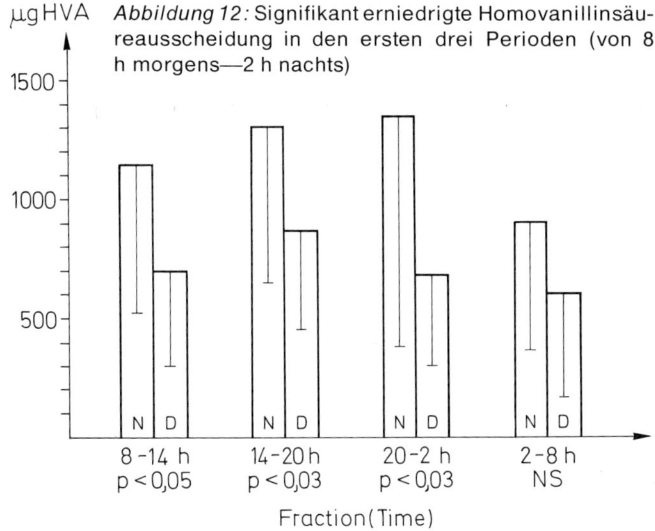

Abbildung 12: Signifikant erniedrigte Homovanillinsäureausscheidung in den ersten drei Perioden (von 8 h morgens—2 h nachts)

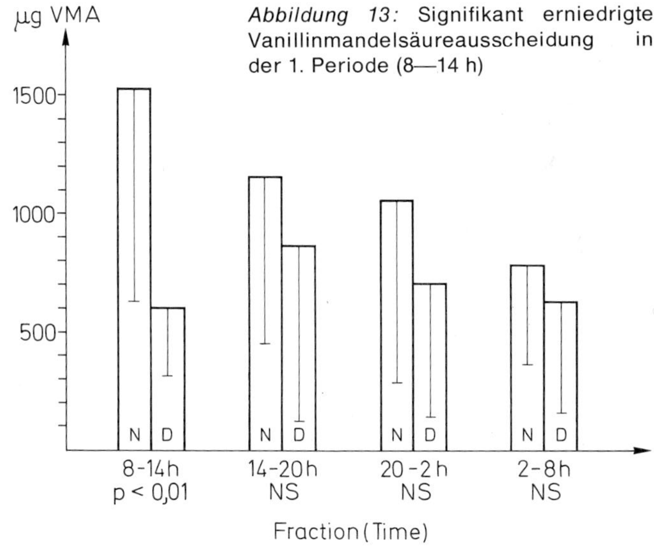

Abbildung 13: Signifikant erniedrigte Vanillinmandelsäureausscheidung in der 1. Periode (8—14 h)

Beschwerden, der Mangel an Initiative und Antrieb sind besonders in den Morgenstunden ausgeprägt. MHPG, der spezifische Metabolit des NA, zeigt im Harn eine reduzierte Ausscheidung (*Maas,* 1968, *Greenspan,* 1970 und *Bond,* 1972). Die Ausscheidung der 5 HIES zeigt gegenüber den Kontrollfällen keine Verschiebung *(Abbildung 14),* was auch von *Frazer* (1973) bestätigt wurde. Die MHPG Werte zeigen auch in den verschiedenen Kernregionen der Gehirne verstorbener Depressiver deutlich reduzierte Werte (*Birkmayer, Riederer,* im Druck).

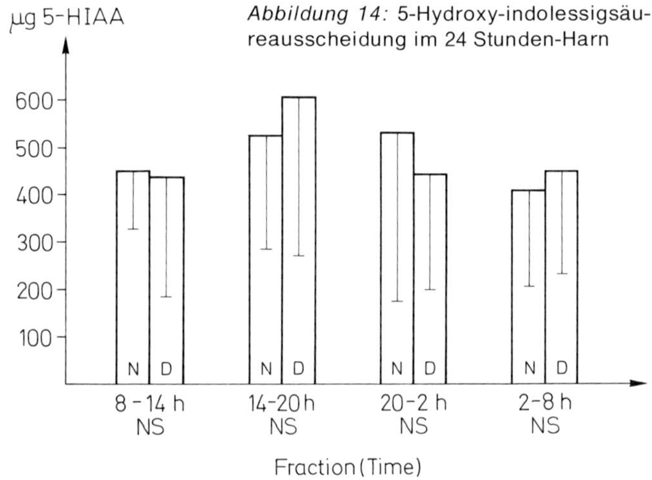

Abbildung 14: 5-Hydroxy-indolessigsäureausscheidung im 24 Stunden-Harn

Wie erwähnt, können die Verschiebungen der biochemischen Daten aus dem Harn nicht ohne weiteres auf einen gestörten Amin-Stoffwechsel im ZNS bezogen werden. Sie demonstrieren aber, daß dem klinischen Syndrom der Depression eine generalisierte Enzymopathie zugrunde liegt. Es ist auch nicht erstaunlich, daß andere biochemische Parameter Abweichungen zeigen. Die Frage ist immer wieder, ob diese pathologischen chemischen Daten Ursache, Auslöser oder bloß chemisches Symptom einer enzymatischen Fehlsteuerung sind.

Die biogenen Amine des Hirnstammes – besonders des limbischen Systems – und des Hypothalamus spielen eine enstscheidende Rolle bei der Freisetzung der Faktoren, die die Hypophyse stimulieren. So werden ACTH, das Wachstumshormon, das Prolactin, aber auch die gonadotropen und thyreotropen Faktoren durch biogene Transmitter ausgelöst. Der Anstieg an Cortisol (*Carrol,* 1972) bzw. von 17-Hydroxycorticosteroiden (*Bunney,* 1965) während depressiver Phasen, entsprechen – unserer Ansicht nach – nur einem Symptom, das natürlich sekundär klinische Erscheinungen produzieren kann. So könnte man die Erniedrigung der Gonadotropin-Freisetzung zur reduzierten Libido bzw. der Amenorrhoe bei Depressionen in Beziehung bringen.

Auch um die – anfangs mit Begeisterung aufgenommene – Hypothese von der intrazellulären Natriumanreicherung und dem intrazellulären Kaliumabfall als Ursache der Depression (*Coppen* und *Shaw*, 1965) ist es wieder still geworden.

Eine generalisierte Störung der Enzymaktivität, wie wir sie beim Depressionssyndrom vor Augen haben, zeigt eben auf allen Sektoren des Stoffwechsels, des Kreislaufs und der Hormonproduktion Verschiebungen, die sekundär wieder symptom-produzierend wirken können. So kann natürlich der NA Mangel in der Peripherie zum erniedrigten Blutdruck mit allen klinischen Folgen führen. Der Muskeltonus z. B. wird im wesentlichen durch die Gammaschleife reguliert. Der Überträgerstoff dieses peripher regulierenden Feedbackmechanismus ist NA. Die Reduktion des Muskeltonus bei der Depression ist daher verständlich. Auch die dadurch ausgelösten sekundären Symptome, wie der Migräne cervicale, dem Cervical-Syndrom bis zu den lumbalen Bandscheibenbeschwerden, können auf diese Hypotonie des Muskeltonus bezogen werden.

Wenn auch eine Enzymopathie als Pathogenese der Depression mit Sicherheit angenommen werden kann, ist damit noch nichts über die Ätiologie ausgesagt. Wodurch kommt diese enzymatische Insuffizienz zustande, die ja in der Remissionsphase wieder völlig normalisiert wird? Für alle Lebensvorgänge ist eine Enzymaktivität eine generelle Voraussetzung. Die **enzymatische Kapazität** eines Organismus ist **im genetischen Code** festgelegt. Diese genetisch determinierte biochemische Energie dient zum Vollzug aller organischen Leistungen und aller Adaptationsvorgänge. Je nach der Quantität der Milieuanforderungen besteht eine enzymatische Erschöpfung, die zur Insuffizienz der biochemischen Überträgerstoffe (NA, DA, 5 HT) führt, wodurch das bunte Bild der Depression ausgelöst werden kann. Die weltweite Zunahme der Depression zeigt an, daß die modernen Lebensbedingungen das Energiekontingent des Organismus überfordern, was zur biochemischen Dekompensation führt. Es ist daher ein Unsinn, von einer Pubertäts-, Graviditäts-, Involutions-, Erschöpfungsdepression bzw. einer klimakterischen oder neurotischen Depression zu sprechen. Diese Bezeichnungen repräsentieren keine pathogenetischen Faktoren. Die Depression im Klimakterium zeigt nur an, daß in dieser Phase eine vegetativ – affektive Umstellung erfolgt, die zu einer Dekompensation der energetischen Bilanz führt. Es gibt auch keine neurotische Depression. Eine depressive Phase führt beim einzelnen Individuum gelegentlich zu einem neurotischen Abwehrmechanismus, etwa im Sinne einer besonders ausgeprägten Aggression oder einer Angst. Das ist aber keine Sonderform der Depression, sondern ein besonderes Abwehrmuster gegen die individuelle Senkung des Leistungspotentials. Ist die genetisch determinierte Enzymaktivität insuffizient, dann kommt es scheinbar spontan zur biochemischen Dekompensation mit einem – von den Milieubedingungen unabhängig ausgelösten – Depressionssyndrom. Sind die Milieustressoren übermäßig stark, kann es auch bei normaler biochemischer Enzymkapazität zum Auftreten einer Depression kommen. Besonders im Alter, wenn ein reduziertes Quantum an biogenen Aminen vorliegt, genügen Mikrobelastungen, wie eine Grippe oder eine Narkose oder ein Affekttrauma (Tod eines nahen Angehörigen) um eine biochemische Dekompensation mit dem klinischen Bild der Depression auszulösen.

Biochemisch liegt nach den demonstrierten Befunden bei der Depression eine

„kernspezifische Imbalance“,

d. h., eine Gleichgewichtsstörung in den einzelnen Kernregionen zugrunde, die keineswegs in allen Hirnregionen gleichgerichtet verschoben ist.

Ein Enzymchaos der synthetisierenden und der abbauenden Enzyme ist als Trigger der Depression anzusprechen.

2. Klinik

Symptomatik

Die wesentlichsten, im folgenden referierten Symptome der Depression sind:

vitale Unlust	hypochondrische Beschwerden
affektive Apathie (Anästhesie)	Agitiertheit
Antriebsmangel	Angst
Konzentrationsmangel	abendliche Remission
verminderte Leistungsfähigkeit	Zwangsgrübeln
Schlafstörung	Selbstvorwürfe
Gewichtsabnahme	Schuldgefühle
Verlust der Libido	Selbstmordgedanken
Appetitlosigkeit	reduzierter Muskeltonus
Obstipation	spannungslose Stimme

Wenn ein Kranker fragt: „Herr Doktor, was fehlt mir eigentlich?" und man sagt: „Sie haben eine Depression", erwidert der Patient: „Ich bin aber gar nicht traurig". Aus dieser häufig stattfindenden Zwiesprache geht klar hervor, daß Trauer und Depression nichts – oder fast nichts – miteinander zu tun haben. Trauer ist ein physiologischer Zustand unseres Gemütes, als Reaktion auf einen Verlust, auf eine Versagung oder auf einen Schmerz. Die Trauer als Gemütsempfindung wird zweifellos durch einen biochemischen Transmitter ausgelöst; wir wissen allerdings noch nicht, durch welchen. Die Depression ist durch die Unfähigkeit gekennzeichnet, bei einem Verlust Trauer zu empfinden; es fehlt die emotionale Resonanz, die Gemütsaktivität, was uns unerklärlich und unverständlich erscheint. Die Gemüts- und Gefühlssphäre wird im limbischen System oder in anderen Hirnstammregionen durch biogene Transmittersubstanzen reguliert. Der Mangel an diesen Transmittersubstanzen beim Depressionssyndrom – wie im ersten Abschnitt gezeigt – erklärt die Unfähigkeit zu einer physiologischen Gemütsreaktion. Der Verlust der Fähigkeit, normale Funktionen zu vollziehen bzw. zu empfinden, ist das kritische Detail einer Depression, die man mit einem ‚Niedergedrücktsein der Vitalgefühle und der Vitalaktivität' erklären müßte. Dieses Verlustsyndrom zieht sich durch alle Beschwerden des Depressiven.

Möglicherweise ist das biologische Defizit die unmittelbare Wurzel der **vitalen Unlust,** die als Hauptsymptom an der Spitze aller depressiven Beschwerden steht.

Eine Patientin sagt: „Ich weiß nicht, was mit mir los ist. Ich habe einen braven, tüchtigen Mann, meine Kinder sind gesund und fleißig, wir können uns alles leisten, was wir brauchen, und trotzdem bin ich unglücklich, habe zu nichts Lust und kann mich über nichts freuen". Dieses nichtverstehbare Unbehagen ist eine der quälenden Wurzeln der Depression. Über diese vitale Unlust wurde in unserem Patientengut von 88 % aller Depressiven geklagt.

Die Lust ist entweder eine spontane Empfindung, die wir schon morgens nach dem Aufwachen vital spüren oder eine affektive Response auf eine geglückte Leistung, auf ein köstliches Essen – als Begleiteffekt der oralen Einverleibung – oder als Höhepunkt eines Orgasmus im Rahmen eines sexuellen Kontaktes. Diese erlebte Lust strahlt in alle physiologischen Bereiche aus. Der Lusteffekt induziert eine Leistungssteigerung sowohl im motorischen als auch im geistigen Bereich. Lust als affektiver Zustand erleichtert Entscheidungen, Entschlüsse und reguliert die vegetativen Abläufe. Der Affektzustand der Lust induziert nicht nur – wie eine Einbahnstraße – eine Aktivitätssteigerung in allen Lebensbereichen, sondern auch eine Steigerung des Affektpegels durch die bewältigte Leistung oder durch die vollzogene vegetative Funktion (Defäkation, sexueller Kontakt usw.). Dieser Feedbackmechanismus zwischen positivem Affekt und positiver Leistung repräsentiert eine permanente Induktion zwischen Intellekt, Motorik, Affekt, Emotion und Vegetativum, die die Voraussetzung des normalen Befindens ist (*Birkmayer*). Die biochemische Voraussetzung dafür ist eine Balance der verschiedenen biogenen Transmitterstoffe. Wenn es nicht gelungen wäre, in den verschiedenen Kernregionen des Hirnstammes Defizite an biogenen Aminen beim Depressionssyndrom nachzuweisen, müßte man vom klinischen Aspekt diese biochemische Insuffizienz geradezu fordern. Ein Hauptsymptom der Depression besteht z. B. in der Schlaflosigkeit. Den aufmerksamen Leser dieses Buches wird dies nicht überraschen, da der Depressive im Mittelhirn wenig Serotonin hat, das ja den physiologischen Auslöser für die Instinkthaltung Schlaf darstellt.

Aus der vitalen Unlust, als biochemischem Insuffizienzsymptom, resultieren eine Reihe weiterer Beschwerden des affektiven Sektors, z. B. eine **affektive Apathie**, eine Unfähigkeit, Lust, Freude oder Trauer zu empfinden.

Eine 56jährige Patientin mit wiederholten depressiven Phasen wurde wegen Selbstmordtendenz aufgenommen. Während ihres Aufenthaltes stirbt ihr Mann an einem Herzinfarkt. Die Kranke klagt nicht über den Verlust des Mannes, sondern sagt: „In meinem jetzigen Zustand kann ich nicht zum Begräbnis gehen, mir ist so entsetzlich zumute, mein Herz schmerzt, und unter der Brust habe ich einen dauernden Krampf." Es besteht kein Affekt der Trauer; das Denken des Depressiven kreist stets um das eigene Befinden. Erst nach dem 4. Elektro-Schock bricht plötzlich ein Tränenstrom aus. Fast glücklich meint sie: „Jetzt kann ich erst weinen." Diese affektive Anästhesie, also eine Unfähigkeit, Gemütsreaktionen wahrzunehmen und zu erleben, durchzieht das Dasein des Depressiven.

Nun kommen wir zu einem anderen Sektor der biochemischen Insuffizienz, zum **Antriebsmangel**. Dieser Mangel an Initiative betrifft ebenfalls alle Lebensbereiche. Der Depressive kann sich zu nichts entschließen, jede banale Entscheidung bereitet ihm große Schwierigkeiten. Der depressive Generaldirektor klagt: „Früher habe ich meiner Sekretärin 20 Briefe aus dem Handgelenk diktiert, und jetzt sitze ich vor meinem Schreibtisch und verschiebe alle Entscheidungen auf morgen". Banale Arbeitsverrichtungen sind nur mit großem Widerstand zu vollziehen, jeder Bewegungs- und Denkablauf ist enorm verlangsamt. Essen, Waschen, Ankleiden werden nur langsam durchgeführt. Die immer wieder beklagte Müdigkeit am Morgen ist nicht Ausdruck einer physiologischen Ermüdung nach einer vorangegangenen Leistung, sondern ein pathologischer Gemütszustand mit der Unfähigkeit zu jeder Aktivität. Diesen Zustand hat *Janzarik* als ‚Dynamische Restriktion' besonders hervorgehoben. Der Depressive kann die Initiative zu geistigen Leistungen, zu motorischen Vollzügen (Sport oder Arbeit), zu Reisen, zu menschlichen Kontakten, auch zu ethisch-caritativen Handlungen nicht ergreifen. Wir haben Grund, diesen biologischen Defekt auf den Dopaminmangel zu beziehen. Wir sehen ja beim Parkinson-Kranken – der übrigens neben seinen motorischen Defektsymptomen sehr häufig auch an Depressionen leidet – einen extremen Dopaminmangel. Dieser führt im motorischen Bereich zur bekannten Akinese, im intellektuellen Bereich zur Bradyphrenie. Das heißt, Dopamin ist der biochemische Transmitter für den Antrieb schlechthin. Der

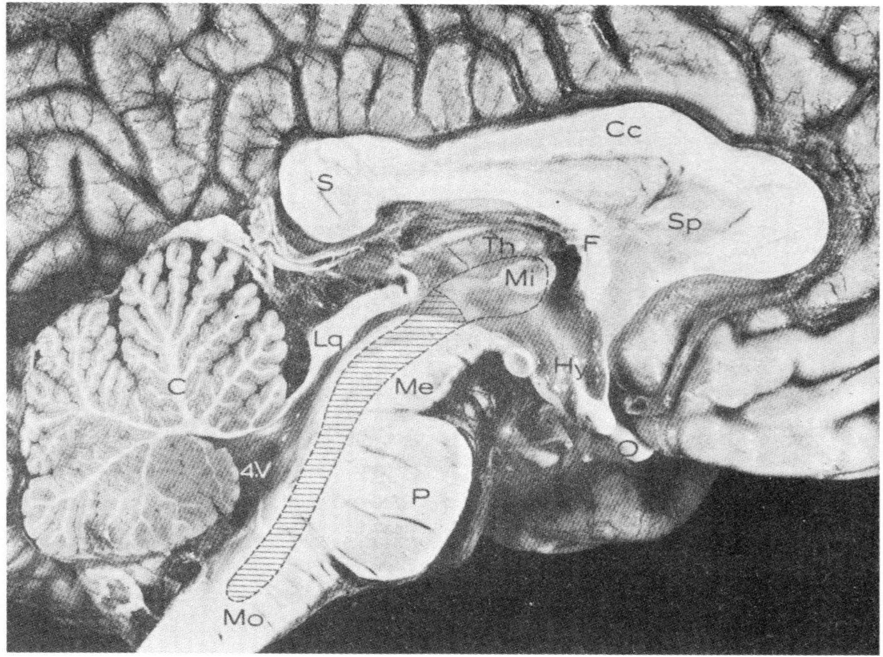

Abbildung 15: formatio reticularis des Hirnstammes (schraffiert), aus: W. Birkmayer — G. Pilleri „Die reticuläre Formation des Hirnstammes“. Verl. Hoffman-la Roche 1965.

Depressive klagt daher über Interesselosigkeit, über **Konzentrationsmangel**, über eine Unfähigkeit zum Vollzug geistiger Leistung. Es gibt Literaturberichte, die von einer Demenz in depressiven Phasen sprechen. Diese – durch Testreihen festgestellte – Reduktion der geistigen Produktivität ist natürlich keine echte Demenz. Der Depressive hat durch den Antriebsmangel eine beträchtliche Reduktion seiner allgemeinen Leistungsfähigkeit, eben auch der geistigen. Er leidet besonders darunter, weil er den Defekt wahrnimmt. Das Interesse an einer Begebenheit, an der geistigen Aussage eines Buches, an der Begegnung mit anderen Menschen, erfordert selbstverständlich Energie, die dem Depressiven durch den biochemischen Defekt nicht zur Verfügung steht. Die Konzentration erfordert eine emotionale Spannung, die die geistige Leistungsbereitschaft aktiviert. Depressive Studenten klagen regelmäßig darüber, daß sie eine Seite im Skriptum mehrfach durchlesen und zuletzt immer noch nicht wissen, was drinnen steht. Der Depressive kann nicht einmal richtig Zeitung lesen oder fernsehen, er kann sich nicht konzentrieren.

Die Konzentrationsfähigkeit hängt sicher mit der Aktivität der retikulären Formation im Hirnstamm zusammen. Diese formatio reticularis, die von der medulla oblongata bis zum Thalamus reicht, ist um den Zentralkanal gelagert. Sie ist der oberste Integrator intellektueller, affektiver und vegetativer Funktionen. (Abbildung 15). Eine Stimulierung dieser Region führt zur arousal reaction des gesamten Zentralnervensystems. Der Cortex zeigt als Aktivitätssteigerung eine Zunahme der Betawellentätigkeit, die Bewußtseinslage wird dadurch angehoben, die Affektlage zeigt eine erhöhte Spannung, das sympathische System wird stimuliert, und auch der Muskeltonus erfährt eine Steigerung (*Abbildung 16*).

Ein praktisches Beispiel:

Ein Wanderer im nächtlichen Wald wird durch einen Schuß erschreckt. Der akustische Reiz wird in der Heschel'schen Querwindung des Temporallappens als Empfindung wahrgenommen. Im Hirnstamm gehen kollaterale Erregungen zur formatio reticularis ab und stimulieren die Bewußtseinslage. Unser Wanderer ist plötzlich hellwach (corticale arousal reaction), er bekommt Angst (affektive arousal reaction) und Herzklopfen (vegetative arousal reaction). Über spinal absteigende Bahnen kommt es zu einer Aktivitätssteigerung der sogenannten Gammaschleife, wodurch der Muskeltonus eine Anspannung erfährt. Mit Hilfe dieser generellen arousal reaction ist unser Wanderer imstande, zu kämpfen oder zu fliehen, sich jedenfalls angepaßt zu verhalten. Die retikuläre Formation ist ein biologisches Integrationszentrum, dessen Funktionieren unsere Überlebenschancen sowohl im Urwald als auch im modernen Straßenverkehr erhöht. (*Abbildung 16*).

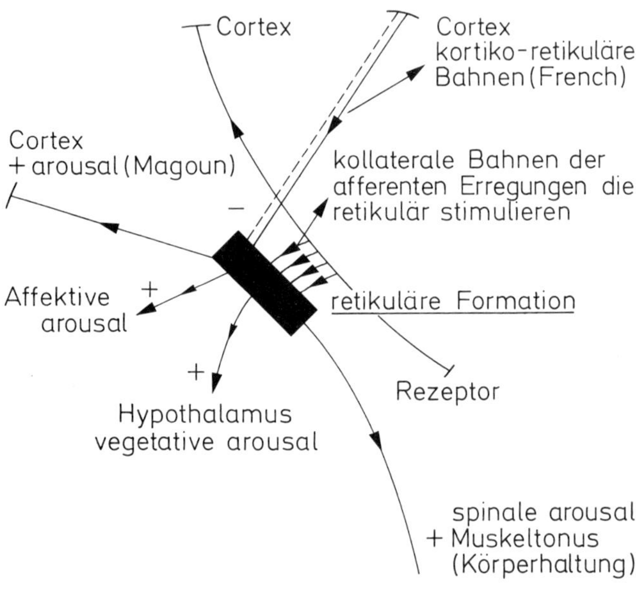

Abbildung 16: Schema der reticulären Funktion. Corticale, affektive, vegetative und spinale arousal reaction bewirken eine generelle Anpassungsleistung.

Der Transmitter der retikulären Formation ist vermutlich Noradrenalin. Sein Mangel beim Depressionssyndrom verursacht eine Verhaltensstörung, die wir als ‚retikuläre Starre' klassifiziert haben. In der polygraphischen Registrierung von Atmung, Puls, Blutdruck und dem psychogalvanischen Hautreflex (Maß der affektiven Response), sieht man bei verschiedenen Reizen einen Amplitudenausschlag. (*Abbildung 17*).

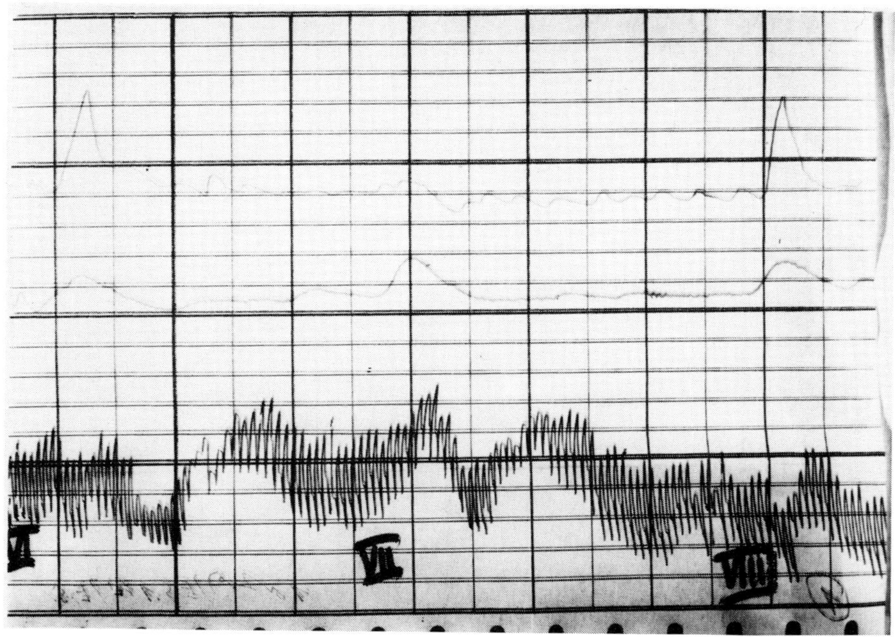

Abbildung 17:

Polygraphische Registrierung der vegetativaffektiven arousal reaction. Auf jeden Reiz erfolgt gleichzeitig und gleichgerichtet ein Amplitudenausschlag der Atmung (oberste Kurve), ferner eine Reaktion des psychogalvanischen Hautreflexes (PGR, mittlere Kurve) und im Blutdruck und Puls (unterste Kurve).

Diese vegetativ-affektive Reaktion erfolgt beim Gesunden gleichgerichtet und gleichzeitig. Bei einer gehemmten Depression – und darunter leiden die meisten Patienten – besteht eine retikuläre Starre. (*Abbildung 18*).

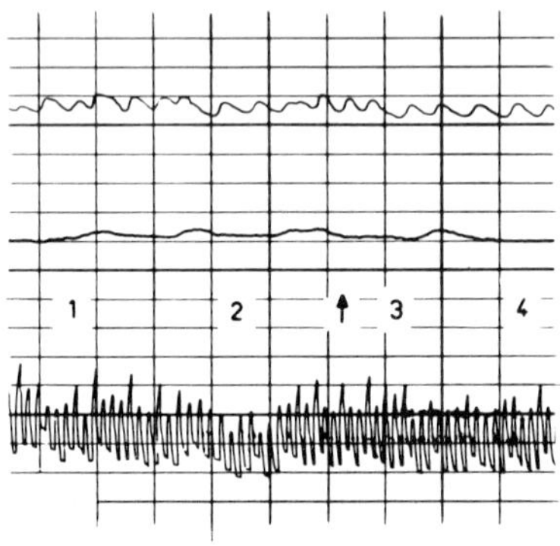

Abbildung 18:
Reticuläre Starre. In keiner der erfaßten Funktionen (Atmung, PRG und Puls) wird durch Reize eine Reaktion ausgelöst.

Das heißt, es erfolgt weder in der Atmung, noch beim Kreislauf, noch beim Affekt eine Reaktion. Der Noradrenalinmangel des Depressiven – und damit die Insuffizienz der retikulären Funktion – lösen eine inaktive Bewußtseinslage und eine affektive Apathie aus. Auch die vegetative Reaktion fehlt, daher die geklagte Konzentrationsstörung, die an eine bestimmte Bewußtseinsaktivität gebunden ist. Depressive klagen nicht selten über die Unfähigkeit, Auto zu fahren, eine Zeitung zu lesen oder über das Desinteresse an sportlichen und sonstigen Betätigungen. Eine Folge davon ist natürlich die nicht nur subjektiv erlebte sondern auch objektiv feststellbare **Verminderung der Leistungsfähigkeit.**

Nicht nur der Verlust der affektiven Reaktionsfähigkeit und des allgemeinen Antriebes sind für die Klinik der Depression charakteristisch, sondern eine Reihe von vegetativen Begleitsymptomen, die fallweise in den Vordergrund treten. Die wichtigste davon ist die **Schlafstörung**. 87 % unserer älteren Depressiven (über 65 Jahre) und 71 % der jüngeren klagen über Schlaflosigkeit. Sie kann derart im Vordergrund stehen, daß viele Patienten sagen: „ Herr Doktor, befreien Sie mich von dieser Schlaflosigkeit, nur sie ist an meinem Zustand schuld, alle anderen Beschwerden kommen nur von ihr". Manche klagen darüber, daß sie gut einschlafen aber schon nach kurzer Zeit (2 – 3 Stunden) aufwachen und nicht mehr imstande sind, wieder einzuschlafen. Die quälendsten Zwangsgedanken beschäftigen sie in diesen frühen Morgenstunden. Die anderen klagen über schlechten Schlaf, das heißt, er bringt keine Erholung, sondern Angstträume, Schweißausbrüche und Herzklopfen. Wie erwähnt, ist der Serotoninmangel im Mittelhirn für diese Schlafstörung des Depressiven verantwortlich. Der Schlaf ist eben eine aktive Handlung, die die Energieaufladung des Organismus zum Ziel hat. Durch den Mangel des Schlaftransmitters Serotonin erfolgt nicht nur ein mangelnder Schlaf, sondern sekundär das Insuffizienzgefühl des Depressiven in der Tagesphase. Analog können wir den Serotoninmangel auch für die Appetitlosigkeit (55 %), für die Obstipation, für den **Gewichtsverlust**, für den **Verlust der Libido** und Potenz anschuldigen.

Die **Appetitlosigkeit** und die Mundtrockenheit führen dazu, daß solche Patienten vielfache Laboratoriumsuntersuchungen anstreben. Findet sich dann eine anacide Gastritis, dann hat der arme Depressive endlich einen organischen Befund für seine Beschwerden. Leider nützen aber alle Medikamente, seine Magengeschwüre zu normalisieren, nichts. Der trockene Mund, die anacide Gastritis, die **Obstipation,** sind sichtbarer Ausdruck des Serotoninmangels, da dieser Transmitter für die Sekretion und für die Motorik des gesamten Intestinaltraktes verantwortlich ist. Schon dieses vegetative Beschwerdemuster zeigt, daß beim Depressionssyndrom nicht nur ein Mangel an biochemischen Transmittern im Zentralnervensystem besteht sondern auch im gesamten peripheren vegetativen System. Das Prävalieren dieser vegetativen Störungen hat *Lemke* dazu geführt, von einer ‚vegetativen Depression' zu sprechen. Heute bezeichnet man das Vorherrschen solch' vegetativer Störungen als ‚larvierte Depression' (*Walcher*).

Aber auch Herz und Kreislauf sind Resonanzboden der biochemischen Balancestörung. Die Patienten klagen über Herzklopfen, Rhythmusstörungen, Druckgefühl über dem Herz, Krämpfe, ferner einen zugeschnürten Hals mit Globusgefühl und Schweißausbrüche. Wir brauchen hier nicht besonders zu erwähnen, daß auch mehrfache EKG-Belastungen keine objektiven Daten für diese Beschwerden liefern. Diese sogenannten **hypochondrischen Beschwerden** stellen fraglos eine Dekompensation der vegetativen Balance dar. Bemerkenswert ist, daß diese subjektiv erlebten Kreislaufbeschwerden durch objektive Daten nicht zu verifizieren sind. Das Phänomen, daß man bei vegetativen Beschwerden keine objektiven Beweise findet, etwa eine paroxysmale Tachycardie oder EKG Veränderungen, spricht für eine zentrale Genese dieser Beschwerden im limbischen System. Erhärtet wird diese Vermutung durch die begleitenden Affektsymptome der Erregung, Spannung und Angst, die oft im Vordergrund der subjektiven Schilderung stehen. Die klinische Erfahrung lehrt, daß eine Irradiation von vegetativen Beschwerden in den affektiven Bereich immer auf einen zentral-nervösen pathogenetischen Mechanismus zurückzuführen ist.

Im limbischen System stehen vegetative und affektive Funktionen im Verhältnis einer gegenseitigen Induktion, das heißt, eine affektive Erregung ist begleitet von Herzsensationen, und vice versa lösen eine Tachycardie oder ein Blutdruckanstieg Erregungszustände aus. Das Charakteristische dieser gegenseitigen Induktion ist der bekannte ‚Aufschaukelungseffekt'; das bedeutet: Herzklopfen löst Angst aus, diese steigert das Herzklopfen usw. Dieser Aufschaukelungseffekt und auch der Überdauerungseffekt bei vegetativ-affektiven Dekompensationen sind Kennzeichen einer insuffizienten Feedbackregulierung, die zu den affektiven und vegetativen Unlustempfindungen führt. Als Zeichen einer zentral-nervösen Genese ist ein sichtbarer oder fassbarer Trigger (Auslöser) nicht aufzuzeigen. Diese fehlende Feedbackregulierung im limbischen System kann auf eine enzymatische Insuffizienz bezogen werden, wobei nicht nur ein Defizit an biogenen Aminen vorliegt sondern vor allem eine insuffiziente Verfügbarkeit an Transmittersubstanzen verantwortlich zu machen ist. Diese Kompenente liegt den hypochondrischen Beschwerden des depressiven Kranken zugrunde. Die Patienten sind häufig in einer agitierten Spannung, das heißt, sie laufen hektisch umher und müssen sich irgendwie motorisch entlasten. Das Wesentliche der Agitiertheit ist aber, daß kein reales Funktionsziel verfolgt oder erreicht wird, sondern quasi eine motorische Aktivität im Leerlauf ohne Zielvorstellung abrollt.

73 % unserer älteren und 75 % der jüngeren Depressiven klagen über **Angst.** Sie paßt eigentlich nicht in das generelle Bild des Depressiven, nämlich in das Bild des Verlustsyndroms, da die Angst ein ‚Plus'-Symptom ist. Die depressive Angst ist völlig mo-

tivlos und entsteht spontan. Diese sogenannte ‚frei flottierende Angst' (*Kielholz, Pöldinger)* entsteht ohne Auslöser, wird jedoch häufig auf ein äußeres Ereignis projiziert. So äußern Frauen im Klimakterium Angst vor einem Krebs, der ältere Depressive äußert Angst vor der Verarmung oder vor dem Verhungern. Frauen erleben große Angst, wenn der Mann oder die Kinder später nach Hause kommen. Häufig wird auch über eine permanente Angst geklagt, daß irgendetwas Furchtbares passieren könnte. Daneben gibt es aber auch oft eine Angst schlechthin. Die Patienten antworten dann auf die Frage, wovor sie Angst hätten:

„Ich weiß es nicht, ich habe nur eine dauernde Angst". Das einzige Ziel, zu dem die Angst gelegentlich führt, ist der Suicid. Wie erwähnt, ist die Angst ein Plussymptom und kann durch fehlende Feedbackmechanismen im limbischen System erklärt werden. Der reduzierte Serotoningehalt in verschiedenen Strukturen des Hirnstammes führt zu einer biochemischen Balancestörung zwischen Indolaminen und Catecholaminen; das dadurch ausgelöste Übergewicht von Noradrenalin löst die Angst aus. Es wäre vorstellbar, daß das relative Übergewicht von Noradrenalin in spezifischen Kernregionen des Hirnstammes zu einem Freisetzungsvorgang dieses Transmitters führt, um die biochemische Balance wieder herzustellen. Die Angst wäre dann die Folge dieses Freisetzungsvorganges, wie wir sie beim Penfield-Anfall kennen. Penfield-Anfälle sind Sympathikus Anfälle (*Birkmayer–Winkler*), bei denen besonders in der Nacht Todesangst, Herzklopfen, Kältegefühl, Schweißausbruch und Gänsehaut auftreten. Die Dauer dieser – mit Vernichtungsgefühl einhergehenden – affektiv-vegetativen Dekompensation schwankt zwischen 20 Minuten bis 2 Stunden. Gelegentlich folgt auf diesen Zustand eine Harnflut eines wasserklaren Urins. Solche vegetative Anfälle vom Sympathikustyp sind fraglos auf eine spontane Freisetzung von Noradrenalin zurückzuführen. Es wäre denkbar, daß die Angst des Depressiven in einem analogen biochemischen Vorgang ihre Ursache hat. Während aber bei den Penfield-Anfällen die Applikation von Betarezeptorenblockern, etwa 40 mg Trasicor i. v., anfallsblockierend wirkt, ist die Medikation analoger Drogen im Rahmen einer Depression erfolglos. Für den Arzt ist es nicht einfühlbar, worunter der Depressive mehr leidet, unter dem Insuffizienzgefühl des Vitalverlustes (Senkung des Biotonus nach Ewald) oder unter der Angst. Bei der Gruppe der agitierten, ängstlichen Depressionen steht die unerklärliche Angst im Vordergrund des subjektiven Erlebnisfeldes.

Ein – für die Depression – sehr charakteristisches Phänomen, das man fast gar nicht als Symptom bezeichnen kann, ist die sogenannte **abendliche Remission.** Die Patienten geben gelegentlich an: „Herr Doktor, abends bin ich völlig beschwerdefrei und der glücklichste Mensch, aber am nächsten Morgen beginnt das Elend von neuem". Wenn auch nicht so klar, geben doch auch schwer Depressive auf Befragen an, daß sich ihre Stimmung nachmittags aufhellt und die Angst zurücktritt. Manchmal bekommt man auf die Frage: „Wann fühlen Sie sich besser, morgens oder abends?", die Antwort: „Ich bemerke eigentlich keinen Unterschied." Auf die nachdrückliche Frage: „ Wann ist Ihr Zustand am quälendsten?" geben doch die meisten Patienten an: „Morgens, nach dem Erwachen." Nach der abendlichen Remission muß daher der Arzt fragen. Dieses Phänomen ist so charakteristisch für die Depression, daß die verschiedenen vegetativen Beschwerden, die mit einer abendlichen Remission korreliert sind, diagnostisch als Ausdruck einer larvierten Depression anzusehen sind. Der Depressive ist in sein Leiden so verstrickt, daß er das vorübergehende Nachlassen seiner Beschwerden gar nicht bewußt erlebt.

Die abendliche Remission scheint in unserem Krankengut bei 74 % der älteren und bei 68 % der jüngeren Depressiven auf.

Wie kann man sich dieses Phänomen erklären? Aus unseren Untersuchungen über die Precursoren im Blut (Tyrosin und Tryptophan) geht hervor, daß nachmittags ein Anstieg und damit eine Annäherung an die normalen Werte erfolgt. Auch die reduzierte Ausscheidung der Metaboliten (Abbaustoffe) der Homovanillinsäure und der Vanillinmandelsäure in den Vormittagsstunden und die Normalisierung in den Nachtstunden weisen in die gleiche Richtung. Diese – vom Normalen abweichenden – Befunde sind aber keine Erklärung des Phänomens der abendlichen Remission, sondern eher eine biochemische Bestätigung. Als Erklärung kann man sich nur vorstellen, daß die Enzymaktivität einem circadianen Rhythmus unterworfen ist. *Wurtman* hat im Tierversuch eine Aktivitätssteigerung der Tyrosin-Hydroxylase, die vom Lichteinfall abhängig ist, entdeckt. Da bei der Depression – im Gegensatz zu degenerativen Erkrankungen (Parkinson) – das nervöse Substrat an sich nicht betroffen ist, sondern ausschließlich ein funktioneller biochemischer Defekt vorliegt – eben eine Enzymopathie –, kann man sich vorstellen, daß eine Aktivierung oder Stimulierung der Enzyme die biogenen Transmitter aktiviert und damit die Beschwerden vorübergehend lindert. Es gibt aber auch Patienten, speziell solche mit quälender Schlaflosigkeit, die angeben: „Gegen abend ist mein Zustand besonders arg, da habe ich schon furchtbare Angst vor der Nacht."

Damit kommen wir zu einem weiteren Symptom der Depression, dem **Zwangsgrübeln.** Eigentlich ist ja gar nicht einzusehen, warum der Depressive sich so vor der Nacht fürchtet. Er könnte ja etwas lesen, Musik hören oder sich mit etwas beschäftigen. Das Quälende an der Schlaflosigkeit des Depressiven – besonders bei Patienten, die morgens um 3h oder 4h aufwachen – ist aber der sofort auftretende Grübelzwang. Die Zwangsgedanken bewegen sich immer um die gleichen Problemkreise: „Warum habe ich diese Krankheit, was habe ich schlecht gemacht in meinem Leben, ich bin eben ein Totalversager, ich vernachlässige meine Pflichten gegenüber meinem Mann und den Kindern, ich bin nicht wert, weiter zu leben ..." Ein solcher Grübelzwang erscheint bei 75 % unserer Depressiven und ist daher als kritisches Detail der Depression anzusehen. Der Arzt muß aber meist danach fragen. Etwa: „Grübeln Sie viel und können Sie sich gegen diese trüben Gedanken nicht wehren?" Die Antwort ist dann eben sehr oft ein: „Ja". Das Nichtaufhörenkönnen, das Nichtablenkenkönnen dieser negativen Gedanken, das sich Nichtentziehenkönnen ist dabei besonders charakteristisch. Der Kranke äußert etwa: „Kaum wache ich auf, kommen die furchtbarsten Gedanken. Wie wird das weitergehen, meine Umgebung hält das nicht mehr aus usw. Kaum bemühe ich mich mit Gewalt an etwas anderes zu denken, kehren die Gedanken mit unwiderstehlichem Zwang wieder zurück. Verstandesmäßig sehe ich natürlich ein, daß alles, was ich denken muß, nicht stimmen kann, aber der Zwang läßt mich nicht los." Die Zwangsgedanken bewegen sich um den Problemkreis der eigenen Minderwertigkeit, aber auch **Selbstvorwürfe** über die eigene Untätigkeit und Faulheit kommen durch diesen Zwangsmechanismus an die Oberfläche des Bewußtseins.

Schuldgefühle werden geäußert über kindliche Onanie oder über Schwangerschaftsunterbrechungen. Von dieser Einstellung bis zu quälenden Vorstellungen, daß man beobachtet und daß über einen geredet wird, ist nur ein kurzer Schritt. Besonders charakteristisch ist das Groteske an solchen Selbstvorwürfen: eine 82jährige Patientin äußert etwa, daß sie ein Schuldgefühl besonders bedrücke: mit 18 Jahren hätte sie einem Pfarrer einen

Kuß gegeben; diese Sünde müsse sie jetzt büßen. – Mit dem Verlust des religiösen Glaubens in unserer Gesellschaft hat die Häufigkeit der Schuldgefühle gegenüber früher beträchtlich abgenommen. In unserem Krankengut äußerten nur 9 % Schuldgefühle. Der Zwangsmechanismus zum Grübeln ist jedoch in vollem Umfang in der depressiven Symptomatik erhalten geblieben. Zwangsgedanken können um die kuriosesten Themen kreisen, z. B. beim Anblick eines Messers Angst zu haben, damit jemanden zu töten. Auch echte Entfremdungserlebnisse tauchen auf: „Ich kenne mich gar nicht mehr, ich bin mir selbst so fremd, ich habe dauernd Angst, verrückt zu werden". Gelegentlich treten Verfolgungsideen auf, die keinerlei Bezug zum echten schizophrenen Formenkreis haben. Es besteht aber diesen Zwangsideen gegenüber keine Krankheitseinsicht. Es ist daher völlig falsch, wenn der Arzt sich bemüht, solche Gedanken einem Depressiven auszureden oder sie zu verharmlosen.

Das gesamte unbewältigte psychische Material der Tiefenperson kommt in dieser Phase des abgesunkenen Vitaltonus an die Oberfläche des Bewußtseins und hat einen fast masochistischen Charakter. Man hat oft das Gefühl, daß der Depressive mit Lust in diesen quälenden Gedankenkomplexen herumwühlt.

In diesen Kreis der Zwangsmechanismen gehören auch die **Selbstmordgedanken.** Sie schwanken in ihrer Intensität vom spielerischen Kokettieren mit dem Gedanken ‚Schluß zu machen' – „da so ein Leben ja sinnlos ist" – bis zum quälenden Impuls, dem Leben ein Ende zu setzen. Nur selten werden solche Selbstmordgedanken vom Kranken geäußert, meist muß der Arzt danach fragen. Die Kranken bestätigen dann die Gedanken oder die Zwangsimpulse, meist jedoch mit der Einschränkung: „Das möchte ich aber meinen Kindern oder meinem Mann nicht antun." Auch der religiöse Glaube wird oft als Hemmfaktor angeführt. Der sozial an eine Familie oder religiös an einen Glauben gebundene Kranke hat noch immer einen Halt, dem Selbstmordimpuls zu widerstehen. Der Entwurzelte verfügt darüber nicht mehr. Da der Glaube keine Funktion der Ratio ist sondern bei allen Religionen durch die verschiedenen Dogmen geradezu ein antirationales Empfinden und Denken erfordert, ist er, nach unserem Konzept, der emotionalen Sphäre als einer phylogenetisch wie ontogenetisch alten, psychischen Vitalfunktion – zuzuordnen.

Damit kommen wir zum gefährlichsten Punkt der Depression, dem Selbstmord. Es gibt wohl keinen Neurologen, der in seinem depressiven Krankengut nicht einige Patienten durch Selbstmord verloren hat. Der Patient äußerst dem Arzt gegenüber natürlich selten seinen Lebensüberdruß, da er sich fürchtet, dann interniert zu werden. Der Arzt muß daher beim leisesten Verdacht direkt danach fragen. Viele Patienten (in unserem Krankengut 29,5 %) bejahen die Frage. Sie schränken dann aber meist ein: „Gott sei Dank bin ich zu feige dazu". Das darf den Arzt aber keineswegs beruhigen. 70 % der Suicidpatienten haben ihre Absicht vorher geäußert (*Ringel*). W. *Pöldinger* hat eine ausführliche Risikoliste mit einem Punktesystem aufgestellt. Wenn man die belastenden Punkte addiert, erlangt man eine Maßzahl, bei deren Überschreiten ein erhöhtes Risiko besteht. Für den praktischen Arzt ist das Aufstellen einer solchen Risikoliste zu zeitraubend. Aber einige besondere Kriterien sollte er immer beachten.

Belastend sind:
1. Selbstmorde in der Familie,
2. Schon unternommene Selbstmordversuche,
3. Selbstmordankündigungen des Patienten,
4. eine gespannte, ängstliche Gemütslage,
5. absoluter Pessimismus und Hoffnungslosigkeit.

Ringel hat versucht, ein präsuicidales Syndrom herauszuarbeiten, das für den Psychiater wertvolle Erkenntnisse liefert, aber eine ‚zunehmende Einengung der Persönlichkeit' und eine ‚Aggressionsstauung' sind für den praktischen Arzt nicht einfach festzustellen. Der Arzt muß die Angehörigen eindringlich auf die Gefahr eines Selbstmordes hinweisen und eine dauernde Beobachtung der Kranken verlangen. Nicht selten wird der Selbstmord in einer verzweifelten Situation als Kurzschlußhandlung intendiert. Die Patienten berichten dann, wenn sie gerettet wurden, daß sie einfach dem Zwang nicht widerstehen konnten. Ohne der Therapie vorzugreifen soll schon jetzt darauf hingewiesen werden, daß ein eingehendes Gespräch notwendig ist, in dem der Arzt mit voller Überzeugung berichten kann, die Depression werde sich zurückbilden und ein normales Leben wieder einstellen. Für den Arzt ist es wichtig, auch Andeutungen des Patienten ernst zu nehmen und zu veranlassen daß der Patient nie allein gelassen wird, besonders nicht in der Nacht.

Ein weiteres kritisches Detail, das der Arzt – wenn er einige Übung hat – beachten muß, ist eine schlaffe Körperhaltung. Sie ist das Resultat eines **reduzierten Muskeltonus**. Der Tonus des aufrechten Standes beruht im wesentlichen auf der Tätigkeit der sogenannten Gammaschleife. *Abbildung 19* zeigt schematisch die Relation. Im Vorderhorn des Rückenmarks gibt es große Alphazellen, die die differenzierten Bewegungen der Finger und Extremitäten intendieren, weiters kleine Alphazellen, die Rumpf-, Schulter- und Beckengürtelmuskulatur tonisch innervieren, schließlich Gammazellen, die über marklose Nervenfasern ohne Bewegungseffekt die Muskelspindeln innervieren. Durch diese Stimulierung gelangen afferente Erregungen über die hintere Wurzel in das Hinterhorn und von dort zu den kleinen Alphazellen. Durch deren Erregung wird der Muskeltonus der Haltungsmuskulatur aktiviert. Diese Funktionsspirale, eben die Gammaschleife, wird durch zentral-nervöse Einflüsse gehemmt bzw. gefördert. Die Pyramidenbahn als Bahn der Willkürbewegung hemmt normalerweise diese Gammaaktivität. Daher entsteht nach Läsion der Pyramidenbahn (apoplektischer Insult) oder bei Multiple Sklerose-Herden im Rückenmark eine pyramidale Spastik. Es gibt aber auch rubro-spinale und reticulospinale Bahnen, die von der reticulären Formation des Hirnstammes in das Rückenmark ziehen und dort die Gammazellen stimulieren und damit die Gammsschleife aktivieren.

Der Überträgerstoff der Gammaschleife ist Noradrenalin. Es nimmt nicht wunder, daß ein Defizit von Noradrenalin zu einer insuffizienten Funktion der Gammaschleife führt. Als klinische Folge scheint eine schlaffe Haltung des Depressiven auf. Das gleiche gilt für die ausdruckslose Mimik und Gestik des Depressiven, die in schweren Fällen an Parkinson-Kranke erinnert. Auch die **spannungslose Stimme** des Depressiven ist auf die gleiche Pathogenese zurückzuführen. Es ist selbstverständlich, daß diese Hypotonie der Haltungsmuskulatur sekundär spondilogen bedingte Beschwerden und Symptome auslöst. Bei der larvierten Depression stehen sie oft derart im Vordergrund, daß der Arzt gar nicht auf den Gedanken der primären Depression kommt. Die Hypoaktivität der Gammaschleife in der Nackenmuskulatur führt zu einer Fehlhaltung der Halswirbelsäule und dadurch zu einer Irritation der adventitiellen Nervenfasern der Vertebralis-Arterien. Durch deren Reizung entstehen im Hirnstamm ischämische Felder, mit Kopfschmerzen, die vom Nacken bis in die Augengegend ausstrahlen, (typische Migraine cervicale). Eine Benommenheit, ein dumpfer Kopfschmerz, der nicht exakt geschildert werden kann, die Unfähigkeit klar zu denken oder ein Schwindel, der

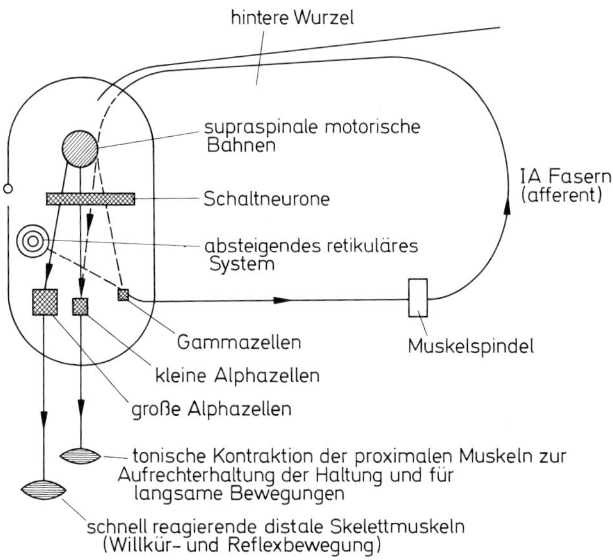

Abbildung 19: Schema der Gammaschleife. Gammazellen werden von der Pyramidenbahn gehemmt und vom reticulären System stimuliert. Dadurch kommt es zur Steigerung des Muskeltonus.

ebenfalls nicht exakt beschrieben wird, werden als Begleitsymptome immer wieder angegeben. Wenn – insbesondere in den Nachmittagsstunden – diese Beschwerden zurücktreten, sollte der Arzt immer an eine larvierte Depression denken. Wenige Injektionen von Saroten, Tryptizol oder Ludiomil bringen die Beschwerden zum Verschwinden und bestätigen seine Diagnose. In seltenen Fällen führt der gleiche Mechanismus einer spondilogenen Fehlhaltung zu Meniereschen Anfällen, die durch ischämische Irritation der Vestibularis-Kerne in der Medulla ausgelöst werden. Desgleichen sind die Beschwerden eines Cervical-Syndroms häufig Ausdruck einer larvierten Depression, wobei der untere Teil der Halswirbelsäule den pathogenetischen Auslöser darstellt. Seltener klagen die Patienten mit larvierten Depressionen auch über lumbale Bandscheibenbeschwerden in Form von Kreuzschmerzen oder Ischialgien. Durch den Tonusverlust der lumbalen Rückenstrecker kommt es zu Bandscheibenvorfällen, natürlich nicht zu einem echten Prolaps. Der Bandscheibenvorfall führt dann zu den bekannten Schmerzen, die besonders morgens intensiv sind und nachmittags nachlassen oder sogar verschwinden. Wenn ein akutes Trauma durch schweres Heben oder durch eine brüske Bewegung bei einer sportlichen Tätigkeit (Tennis oder Golf) ausgeschlossen werden kann, sollte man auch bei jedem Lumbago an das Vorhandensein einer larvierten Depression denken. Nicht selten bestätigt der Erfolg einiger Injektionen mit einem Antidepressivum die Diagnose.

Sehr charakteristisch bei der Depression ist auch ein verminderter Turgor der Haut. Die Haut ist schlaff, glanzlos, die Nägel sind brüchig, die Haare stumpf. Schon einen Tag nach dem Friseur hängen die Haare schlaff und spannungslos herunter.

Die larvierte Depression

W. Walcher, der jahrelang neurologischer Konsiliarius an allen Kliniken der Universität Graz war, hat dieses Syndrom in einer Monographie beschrieben. Wie schon erwähnt, besteht die Balancestörung der biogenen Transmittersubstanzen nicht nur im Zentralnervensystem sondern auch im peripheren vegetativen System. Es ist verständlich und einfühlbar, daß vegetative Irritationssyndrome (Herzklopfen, Magenbeschwerden, Gallenblasenspasmen) sowie vegetative Erschöpfungssymptome (niedriger Blutdruck, Obstipation, Erektionsschwäche), fallweise derart im Vordergrund des Beschwerdebildes stehen, daß der Arzt primär an einen Organdefekt und nicht an eine Depression denkt.

Der englische Terminus ‚masked depression' deutet das Verstecktsein der depressiven Grundkrankheit an. Solche Patienten mit larvierter Depression wurden früher in unseren Krankenblättern unter ‚vegetativer Dystonie' oder ‚Konversionsneurose' geführt. Die Anstaltspsychiater haben sich zunächst gegen die Einbeziehung der larvierten Depression in den Formenkreis der Gemütskrankheiten gewehrt. In den psychiatrischen Anstalten haben die Ärzte natürlich selten Gelegenheit, derartige larvierte Depressionen zu beobachten, da diese Patienten vorwiegend in den internen Abteilungen untergebracht sind. Entscheidend für die Beschwerden der larvierten Depression ist, daß vegetativ wirkende Drogen (Bellergal u. ä.) nie eine Besserung bringen. Die Beschwerden einer Cholecystopathie als Symptom der larvierten

Depression bessern sich nicht auf Valium sondern nur auf eine antidepressive Behandlung. Wenn der Arzt solche Patienten ausführlicher exploriert, wird er – nach der Lektüre dieses Buches – fast immer mehrere der angeführten Depressionssymptome aufdecken können. Damit ist die Diagnose „larvierte Depression" sichergestellt und eine zielführende Therapie kann begonnen werden. Wenn in der Familie Selbstmorde vorgekommen sind oder wenn der Patient früher schon ähnliche Krankheitsphasen durchgemacht hat, ohne daß pathologische Befunde erhoben werden konnten, soll der Arzt an eine larvierte Depression denken und eine antidepressive Therapie einleiten. Es kann dabei gar nichts passieren. Wenn er Erfolg hat, war eben seine Diagnose richtig. Kennt der Arzt seinen Patienten schon längere Zeit und hat er früher Phasen mit anderer Symptomatik beobachtet, wird es ihm nicht schwer fallen, beim Auftreten neuerlicher vegetativer Beschwerden eine larvierte Depression festzustellen.

In unserem Krankenhaus, in dem ca. 5000 Kranke in allen medizinischen Abteilungen untergebracht sind, hat sich der Slogan eingebürgert: „Wenn man nichts findet, sagt der Birkmayer: ‚es ist eine larvierte Depression' ". So primitiv dieser Denkvorgang auch sein mag, er trifft oft das Schwarze.

Walcher postuliert in seiner Monographie: „Bei allen organisch nicht begründbaren Krankheitsbildern soll man an eine larvierte Depression denken."

Wie schon erwähnt, gibt es kein Beschwerdemuster, keine lokalisierte Symptomatik, die nicht im Rahmen einer larvierten Depression aufscheinen kann. Neben den erwähnten tonogenen Dekompensationen der Wirbelsäule mit den sekundären Defektsymptomen ist es vor allem der **Kreislauf,** der unklare Beschwerdebilder liefert. Die immer wieder auftretenden Parästhesien in den unteren oder oberen Extremitäten, hat *Lopez Ibor* als depressive Äquivalente beschrieben. Auch das Symptom der ‚restless legs' (unruhige Beine) ist gelegentlich auf eine depressive Genese zurückzuführen. Der Patient kann abends seine Beine nicht ruhig halten und wird durch die erzwungene Bewegungsunruhe am Einschlafen gehindert. Wir haben das Symptom der restless legs als Ausdruck einer larvierten Depression nicht beobachten können, sondern es als Ausdruck einer spinalen Mangeldurchblutung nach motorischer Überlastung angesehen und meist mit Tranquillizern (Valium und Tavor) erfolgreich behandelt.

Zu den Kreislaufsymptomen einer larvierten Depression gehören natürlich auch die vielfachen **Herzbeschwerden** (Präcordialangst, Herzdruck, Atemnot). Da häufig eine Kombination mit Schweißausbruch und Zittern beobachtbar ist, wird begreiflicherweise eine Überaktivität der Schilddrüse angeschuldigt. Mit den modernen Methoden der Isotopenuntersuchung kann natürlich eine echte Hyperthyreose exakt ausgeschlossen werden. Früher war man geneigt, bei Fehlen organisch fassbarer Daten solche Herzbeschwerden als Konversionsneurose oder als vegetative Dystonie zu deuten. Auf Grund der biochemischen Forschungsergebnisse kann man heute solche cardialen Beschwerden auf eine fehlerhafte Funktion des biochemischen Transmittersystems zurückführen, wie es ja für die gesamte Depression charakteristisch ist. Wie sehr diese subjektiven cardialen Beschwerden chemisch determiniert sind, sieht man, wenn bei einem Patienten wegen Suicidgefahr oder besonderer Angst ein Elektro-Schock verabreicht werden muß. Nach dem ersten Schock kommt es zur Pulsirregularität oder zum völligen Aussetzen des Pulses mit schwerer Cyanose. Ein 60 Minuten später aufgenommenes EKG zeigt jedoch keinerlei abnorme Befunde. Nach dem zweiten bzw. dritten Elektro-Schock bleibt diese cardiale Komplikation völlig aus. Das heißt, daß durch den antidepressiven Effekt der Elektro-Scheck Therapie das biochemische Transmittersystem des Herzens wieder völlig kompensiert und belastbar ist.

Der zweite Hauptbereich der larvierten Depression kreist um die gastro-intestinalen Beschwerden. Mundtrockenheit, Appetitlosigkeit, Obstipation gehören ja zum typischen Bild der Depression schlechthin. Aber Beschwerden wie Magenkrämpfe, Meteorismus, Luftschlucken, Gallenblasenkrämpfe aber auch Ulcus duodeni und Colitis ulcerosa sind sehr häufig Ausdruck einer larvierten Depression, was durch eine erfolgreiche antidepressive Therapie beweisbar ist. Im Urogenitalsystem wird oft über eine Reizblase, Pollakisurie, Schmerzen beim Urinieren und von Frauen über schmerzhafte Krampfzustände im kleinen Becken geklagt, für die der Frauenarzt keine fassbaren Befunde erheben kann. Auch diese Beschwerden sind häufig Ausdruck einer larvierten Depression. Shiftsymptome treten derart in Erscheinung, daß auf eine Phase einer echten Depression eine Phase von Asthma-Anfällen auftritt oder auch eine Fettsucht. Auch bei Psoriasis kommt sehr häufig eine begleitende Depression vor, wobei sowohl Haut- als auch Gemütskrankheit durch eine antidepressive Therapie kompensierbar sind. Rheumatische Exacerbationen sind nicht selten Ausdruck einer larvierten Depression, das heißt, im Rahmen einer chronischen Polyarthritis treten gelegentlich Schmerzen in allen Gelenken und Muskeln auf, ohne daß der Rheumatologe klinische oder serologische Anhaltspunkte für das Auftreten dieser Schmerzen verantwortlich machen kann.

Bei **Kindern** manifestieren sich larvierte Depressionen am häufigsten als Verhaltensstörung, worauf *Nissen* eindringlich hingewiesen hat: Konzentrationsstörungen, Lernschwierigkeiten, Schulangst, Weinen, Anorexie, Enuresis, Weglaufen, Aggressionen, Kontaktschwäche, Gehemmtheit, Isolierungstendenz, Angst. Natürlich sind diese Symptome nicht spezifisch für Depressionen. Aber man sollte bei motivlosem Absinken der Schulleistung oder bei fehlendem Auslösermechanismus der Aggression immer an eine larvierte Depression denken und durch exakte Befragung die Diagnose sichern. *Hartmann* schrieb, daß bei 50 % der jugendlichen Kriminellen eine larvierte Depression festzustellen war.

Das leitet über zu den Patienten mit larvierten Depressionen, die sich als selbstgewählte Therapie dem **Alkohol** zuwenden. Bei periodischen Trinkern besteht – unserer Erfahrung nach – immer eine larvierte Depression. Es sind dies jene Alkoholiker, die durch eine Entziehungskur mit zusätzlichen antidepressiven Medikamenten rekompensiert werden. Auch bei **Drogensüchtigen** – insbesondere bei **LSD** – sieht man häufig Angst, Vereinsamung und Sinnlosigkeit des Lebens als Symptom einer Depression.

Der Arzt sollte demnach bei unklaren Krankheitsbildern immer nach einer hereditären Belastung fragen, nach früheren ähnlichen Phasen fahnden, den Einfluß von Schwankungen des Befindens im 24-Stunden-Rhythmus ergründen und bei Verdacht auf eine larvierte Depression durch eine gezielte Befragung die Diagnose sicherstellen.

Ein wesentlicher Unterschied zwischen larvierter und endogener Depression besteht darin, daß die endogenen Phasen im allgemeinen kürzer sind und die larvierten Depressionen sich über Jahre hinziehen können. Nach Abklingen der endogenen Depression sind die Patienten voll anpassungs- und leistungsfähig. Bei den larvierten Depressionen besteht längere Zeit eine Adaptationsschwäche allen Belastungen gegenüber (Infekte, Überarbeitung, psychische Traumen).

Nach unserem Grundkonzept einer Enzymstörung mit folgender Dekompensation im biochemischen Transmittersystem sind die vielfältigen Störmuster der larvierten Depression nicht überraschend sondern durchaus verstehbar.

Auslösermechanismen

Einzelne Psychiater unterscheiden verschiedene Formen der Depression. So wird von einer senilen, einer klimakterischen, einer neurotischen Depression, von einer Involutions- (55. – 65. Lebensjahr), einer Graviditäts-, einer Erschöpfungs-, einer Entwurzelungsdepression und einer reaktiven Depression gesprochen. Nach unserer Auffassung gibt es nur eine Krankheitseinheit ‚Depression', die allerdings durch verschiedene Trigger (Auslöser) in Gang gesetzt wird. Für den praktischen Arzt ist es wesentlich, eine Depression zu erkennen; man sollte ihn durch die verschiedenen Unterformen nicht kopfscheu machen.

Eine Depression entsteht, wenn der Aminhaushalt im Zentralnervensystem und in der Peripherie durch eine enzymatische Insuffizienz gestört ist. Im individuellen Leben gibt es natürlich eine große Zahl von Streßbelastungen, die das vegetativ-affektive System stören. Die Toleranzgröße dieser Belastbarkeit ist im genetischen Code festgelegt. Beim Überschreiten dieser Adaptationspotenz resultiert eine enzymatische Dekompensation mit dem klinischen Verhaltensmuster einer Depression. **Die Schwangerschaft** ist eine affektiv-vegetative Belastung der Frau. Bei insuffizientem Code genügt diese physiologische Belastung zur Auslösung einer Depression. Nach unseren Erfahrungen tritt übrigens eine Depression viel häufiger nach der Geburt auf. Drei bis sechs Tage nach der Geburt kann eine passagere Depression fast als physiologisch angesehen werden. Die hormonale Umstellung nach der Geburt ist in diesem Fall als Auslöser anzusehen. Das gilt auch für die sogenannte **klimakterische Depression.** Das Ausbleiben der Menstruation entsteht normalerweise durch eine diencephale Insuffizienz an biogenen Transmittern. Diese werden vom Hypothalamus als stimulierende Faktoren der

Hypophyse zugeleitet. Dadurch werden gonadotrope Hormone freigesetzt, die ihrerseits die Hormonproduktion der Eierstöcke stimulieren. Das Klimakterium ist nicht durch den Mangel an Follikelhormon verursacht sondern durch das Defizit an biogenen Aminen im Hirnstamm. Das Ausbleiben der Menstruation und des Zyklus ist die Folge und nicht die Ursache des Klimakteriums. Die – das Klimakterium begleitende – Depression ist nicht durch den Hormonmangel sondern durch den biogenen Aminmangel im Hirnstamm ausgelöst. Bei der **Erschöpfungsdepression,** deren exakte Schilderung wir *P. Kielholz* verdanken, liegt als Auslöser eine Vielfalt von Streßbelastungen vor. Die berufstätige Frau, die Schwierigkeiten in der Familie hat, deren Mann womöglich Trinker ist, deren Kinder Schulschwierigkeiten haben usw., ist nach längerer Belastungszeit nicht mehr in der Lage, ein zur Adaptation notwendiges Kontingent an biogenen Transmittersubstanzen zu synthetisieren. Das Resultat ist eine Depression, die Kielholz eben ‚Erschöpfungsdepression' nennt. Gerade aus diesem Beispiel kann man sehen, daß die Streßbelastungen nur der Auslöser der Depression sind. Auch bei der **Involutionsdepression,** bei der insbesondere *J. Angst* festgestellt hat, daß es sich um keine Sonderform handelt, kommt es durch das Milieu zu einer mannigfaltigen Belastungssituation, die durch den Mehrverbrauch an biochemischen Adaptationsstoffen (eben den biogenen Aminen) zum Mangelsyndrom der Depression führt. Das Pensionsalter oder die Pensionierungsangst läßt bei vielen älteren Menschen erstmals Herbstsymptome des Lebens aufleuchten. Müdigkeit, Energielosigkeit, Schmerzen aller Art – von den morgendlichen Kreuzschmerzen bis zu den statischen Beschwerden bei längerem aufrechten Stand – das Affekttrauma, das durch den Verlust der regelmäßigen Beschäftigung und durch den Verlust das normalen Kontaktes zum Mitmenschen entsteht, das erste Bewußtwerden des vergehenden Lebens, verbunden mit den aufkeimenden Zwangsgedanken über die Sinnlosigkeit des Daseins, sind Ausdruck des absinkenden Biotonus (*G. Ewald*). Bei vorhandenem konstitutionellen Aminmangel wird der Pegel der biochemischen Energieträger unterschritten, und eine Depression, die sich in nichts von der klassischen endogenen Depression unterscheidet, entsteht.

Die **neurotische Depression** wird besonders vom Psychotherapeuten diagnostiziert, da viele Patienten mit Schlaflosigkeit oder Angst zunächst diese Ärzte aufsuchen. Die biologische Insuffizienz des depressiven Kranken führt nicht selten zur Projektion innerer Schwierigkeiten in äußere Verhaltensstörungen: Vernachlässigung durch den Partner, berufliche Schwierigkeiten mit dem Chef, usw. Die mangelnde Anpassungspotenz des Depressiven an die normale Belastung des Familien- bzw. Berufsmilieus bewirkt reaktiv eine Freisetzung neurotischer Aggression. Neurotische Manifestationen im Rahmen einer Depression sind als autochtone Abwehr oder Ausgleichsmechanismen des Kranken anzusehen und nicht als Wurzel oder gar als Ursache der depressiven Krankheit. Solche sekundär neurotische Abwehrmechanismen kommen häufig beim Depressionssyndrom vor. Der Arzt – sobald er nur ein Symptom der Depression entdeckt – sollte sofort eine antidepressive Therapie einleiten und sich nicht vom neurotischen Gehaben mancher depressiver Patienten blüffen lassen. Hat er die Depression zum Verschwinden gebracht, sind auch die neurotischen Symptome zurückgetreten.

Die **reaktive Depression** wäre eine Depression, die als Reaktion auf äußere Milieufaktoren zurückzuführen ist, zum Beispiel nach dem Tod eines nahen Angehörigen. Wie erwähnt, ist die Trauer beim Verlust eines Menschen oder die Trauer nach einer beruflichen oder persönlichen Frustration keine Krankheit sondern eine physiologische emotionale Response auf das psychische Trauma. Wenn eine Frau über sämtliche Symptome der Depression klagt und berichtet, daß sie seit dem Tod ihres Mannes daran leidet, ist man oft überrascht, auf die Frage, wann ihr Mann gestorben sei, zu hören: „Vor 5 Jahren". Daran, daß ein schweres psychisches Trauma eine endogene Depression zum Ausklinken bringen kann, ist nicht zu zweifeln. Jedes schwere psychische Trauma, jede schwere Frustration lösen eine biochemische Adaptation im Zentralnervensystem aus. Wenn das Trauma die Belastbarkeit der Adaptationspotenz überschreitet, kann eine Depression entstehen. Warum man aber hier von einer ‚reaktiven Depression' spricht, ist mir unverständlich. Das Wort ‚reaktiv' hat hier als Eigenschaftswort nicht einmal die Funktion einer ergänzenden Beschreibung zum Hauptwort ‚Depression'. Es kann höchstens eine Andeutung des pathogenetischen Auslösers geben, hat aber keine ursächliche Bedeutung.

Diese sogenannte reaktive Depression leitet über zu den **somatisch ausgelösten Depressionen.** So sieht man immer wieder, daß unmittelbar vor dem Auftreten einer Depression eine infektiöse Hepatitis vorausgegangen war. Besonders Studenten oder Berufstätige klagen nach einer Hepatitis häufig über Müdigkeit,

Konzentrationsstörungen, Schlaflosigkeit, Antriebslosigkeit. Nicht selten besteht das gesamte Beschwerdemuster einer echten Depression, was an sich nicht verwunderlich ist, da eine Erkrankung des größten Enzymkonzerns unseres Organismus zu einer Enzymopathie mit dem Bild einer Depression führen kann. Das gleiche sieht man nach **Encephalitiden,** besonders bei solchen des Hirnstamms. Viel öfter als literaturmäßig belegt, beobachtet man nach schweren Schädelhirnverletzungen mit langer Bewußtlosigkeit später Depressionen. Auch im Rahmen arteriosklerotischer Läsionen – speziell des Hirnstamms – kann man nicht selten neben der Demenz und neurologischen Ausfällen Depressionsbilder sehen. Aber auch banale grippale Infekte – besonders bei älteren Leuten – führen nach dem abgeklungenen **Infekt** zu Verhaltensstörungen, die leicht als Depression einzuordnen sind. Der grippale Infekt hat eben den insuffizienten biochemischen Apparat des älteren Menschen überlastet und führt zu einer Depression. Das gleiche gilt für alle Infektionskrankheiten, speziell im höheren Alter.

Der praktische Arzt muß auch wissen, daß **pharmakologische Drogen** Depressionen auslösen können. In jüngster Zeit sieht man immer häufiger Depressionen beim Einnehmen der „Pille". Wenn nach dem Wechsel des jeweiligen Präparates immer wieder Depressionen auftreten, muß man der Frau die Einnahme eines kontraceptiven Medikamentes verbieten, so wie man auch bei Neigung zu thrombotischen Komplikationen von der Pille abraten muß. Wie im Eingangskapitel beschrieben, kann praktisch jedes Antihypertonie-Medikament durch seinen releaseeffect Depressionen auslösen. Die pharmakologisch induzierte Verarmung an biogenen Aminen in den neuronalen Lagern durch Reserpinhaltige Drogen führt bei vorhandener Konstitution bei etwa 10 % der Patienten zu Depressionen. Man kann die Therapie fortsetzen unter Zusatz antidepressiver Drogen. Also etwa: Serpasil, Catapressan oder ähnliches unter Zusatzmedikamenten von Tryptizol, Saroten Limbatril usw.

Junge ambitionierte Psychiater werden dadurch zweifellos veranlaßt, eine „Pille" bzw. Reserpin-Depression zu beschreiben. Natürlich sind diese Drogen nur Auslöser.

> Für den praktischen Arzt ist es wesentlich zu wissen, daß es eine klinische Einheit ‚Depression' gibt, die biochemisch definiert ist und die durch verschiedene Stressoren des inneren und äußeren Milieus ausgelöst werden kann.

Dauer

In den klassischen Lehrbüchern wird die Dauer der Depression immer mit durchschnittlich 12 Monaten angegeben. Das muß man heute nach den praktischen Erfahrungen korrigieren. Depressive Phasen können Tage andauern, sie können sich aber auch über mehrere Jahre erstrecken. Larvierte Formen haben eine Tendenz zu langfristigem Verlauf, zumal sie oft monatelang nicht erkannt werden und erst nach ergebnislosen Laboratoriumsuntersuchungen oder nach chirurgischen Eingriffen (besonders häufig im Abdominalbereich) der Weg zum Neurologen gefunden wird.

Häufigkeit

In Europa wird die Häufigkeit der Depression mit ca. 0,5 % der Bevölkerung angegeben. In Ländern, die vom modernen Leistungsstreben und dem modernen Lebensstil noch nicht so betroffen sind, ist der Befall seltener. Das läßt natürlich daran denken, daß der moderne Zivilisationskult ein Vielfaches an biogenen Transmittern verbraucht und daß der Hirnstamm als Funktionsbatterie der biogenen Amine sich an die Anforderungen des heutigen Lebensstils nicht – oder noch nicht – angepaßt hat.

Erblichkeit

Der Arzt wird sicher häufig gefragt, ob eine Depression erblich ist und eventuell Kinder von der gleichen Krankheit befallen werden. Daß den Depressionen erbliche biochemische Stoffwechselstörungen im Zentralnervensystem zugrundeliegen, kann heute nicht bezweifelt werden. Die Prozentzahlen der Erblichkeit schwanken sehr stark, je nach der vorgefaßten Einstellung, mit der die jeweiligen Untersucher an die statistischen Erhebungen herangehen. Nun sind – unserer Erfahrung nach – Statistiken, deren Unterlagen (Krankenblätter) von verschiedenen Untersuchern stammen, nicht imstande, verwertbare Schlüsse zu geben.

Ein verbindliches Resultat ist nur von Untersuchungen zu erwarten, die **ein** Autor aus seinen eigenen Krankengeschichten zusammengefaßt hat. Am verbindlichsten erscheinen z. Z. die Ergebnisse von *Zerbin-Rüdin* zu sein. Der 70 %ige Befall von eineiigen Zwillingen gegenüber 20 % der zweieiigen erscheint ein absoluter Beweis einer Vererbung der Depression zu sein. Wenn ein Elternteil befallen ist, beträgt das Erkrankungsrisiko für Kinder 10–15 %, wenn beide Eltern an einer Depression leiden, steigt die Risikozahl auf 30 %. Bei Geschwistern liegt die Risikoziffer bei 10–15 %. Mit solchen Statistiken kann der praktische Arzt als Berater wenig anfangen. Wir empfehlen, wenn beide Elternteile an einer Depression leiden, die Sterilisierung beziehungsweise den Verzicht auf Kinder. Im Einzelfall, wenn durch genaue Kenntnis der Familie keine Belastung aufscheint und nur ein Elternteil an einer Depression erkrankt ist, raten wir zum normalen Kindersegen. Wenn in der Familie eines Elternteiles mehrere Depressionen aufscheinen, überlassen wir es den jeweiligen Eltern, geben aber das erhöhte Risiko zu bedenken. Bipolare Verläufe, also manisch-depressive Formen, haben – nach unserer Erfahrung – eine größere Befallziffer, desgleichen periodische Depressionen, die jedes Jahr auftreten. Hingegen sehen wir bei Depressionen, die unter einem besonderen Streß zur Auslösung gekommen sind, nur ein geringes Risiko. Die Statistik gibt nur einen groben Mittelwert, der durch individuelles Abwägen ergänzt werden muß.

Prognose

Auf die Frage: ,,Herr Doktor, kann sich das wiederholen?'', müßte jeder Arzt sagen: ,,Jawohl, das kann sich wiederholen.'' Ist der Patient, der diese Frage stellt, gerade in einer tiefen Depression, fühlen wir uns verpflichtet, mit einer Lüge zu antworten. Wir sagen: ,,Wenn Sie diese grauenhafte Periode hinter sich haben, sind Sie für immer gesund.'' Eine wahre Antwort würde in dieser Phase das Selbstmordrisiko beträchtlich steigern.

Nun liegen die extremen individuellen Schwankungen etwa so:

Es gibt Patienten, die jeden Frühling und jeden Herbst eine Depression durchmachen. Dann gibt es Patienten, die nach einer

Schwangerschaft, im Klimakterium und im Senium von einer Depression befallen werden. Der Durchschnitt unserer Fälle macht etwa alle 3–6 Jahre eine depressive Phase durch, allerdings mit verschiedener Intensität. Der Patient, der eine Depression hinter sich gebracht hat, ist meist überzeugt, daß er nie mehr eine bekommt. Möglicherweise ist diese euphorische Einstellung Ausdruck einer hypomanischen Stimmungslage. In der Phase der abgeklungenen Depression muß der Arzt allerdings nachdrücklich darauf hinweisen, daß sich solche Depressionen wiederholen können und daß es notwendig ist, durch eine prophylaktische Lithiumtherapie diese Gefahr zu verringern. Bei den periodisch depressiven Patienten braucht man nach der 2. oder 3. Phase nicht mehr zu lügen, sondern kann mit voller Überzeugung sagen: „Wenn Sie die vorherigen Phasen überstanden haben, kommen Sie auch das nächste Mal sicher darüber hinweg." Die Prognose der einzelnen Phase ist – wie gesagt – absolut positiv zu stellen.

Arbeitsfähigkeit und Befinden stellen sich nach Abklingen des Schubes bei 90 % aller Patienten im vollen Ausmaß wieder her. Bei den larvierten Depressionen bleibt jedoch häufig für längere Zeit eine labile Adaptationsfähigkeit bestehen, das heißt, die Belastbarkeit auf allen Gebieten ist nach Abklingen der Depression reduziert. Ein ins Gewicht fallender psychopathischer Defekt bleibt – unserer Erfahrung nach – nicht bestehen. Natürlich haben Menschen mit labiler vegetativer Konstitution oder Neurastheniker auch in den freien Phasen Beschwerden einer gestörten Befindlichkeit. Die bekannte Empfindlichkeit gegen Wetterstressoren besteht zum Beispiel schon vor der depressiven Phase, verstärkt sich während der Depression und bleibt auch nach Abklingen in geringerer Ausprägung bestehen. Die verminderte Belastbarkeit durch Milieustressoren, die gesteigerte Empfindlichkeit auf Wetterveränderungen und die verstärkte Empfindlichkeit gegen Nikotin zeigen an, daß sämtliche Milieubelastungen durch die biogenen Transmittersubstanzen ausgeglichen werden. (Viele Patienten geben an, daß ihnen in der depressiven Phase das Rauchen nicht schmeckt, die wiederkehrende Lust zum Rauchen kündigt mit Sicherheit eine Remission an.) Bei mangelnder biogener Aminaktivität treten die Dekompensationszeichen einer verminderten Anpassungsleistung stärker in Erscheinung, Depressive spüren Wetterveränderungen schon Tage vorher. Nicht selten sind solche zusätzliche Wetterstressoren der Auslöser für die Kurzschlußhandlungen eines Suicides.

Erheben objektiver Daten

Es ist begreiflich, daß in der modernen Psychiatrie ein Trend besteht, naturwissenschaftlich objektiv erfaßbare Daten für die Diagnose der Depression zu liefern. So wie in der internen Medizin durch Röntgenbilder, Fieberkurven, Leukozytenzahlen und Blutsenkungsgeschwindigkeit eine Pneumonie verifiziert werden kann, sollte das Erheben charakteristischer Daten die Diagnose ‚Depression' ermöglichen. Zu diesem Zweck sind sogenannte **‚Rating scales'** entwickelt worden. Dabei werden bestimmte Fragen angehakt, und eine Summation der aufscheinenden Symptome führt zur Diagnose: Depression.

Die bekannteste Rating scale ist vom englischen Psychiater *Hamilton* zusammengestellt worden. In 24 Punkten, von der depressiven Stimmung zu Schlaflosigkeit, Suicid, Verlangsamung, Angst, gastrointestinale Beschwerden, Gewichtsverlust, Tagesrhythmus, Hilflosigkeit usw. werden die Symptome mit 1–4 Punkten bewertet (4 heißt: schwerste Ausprägung). Eine andere Rating scale ist von *Zung* zusammengestellt worden. In 20 Punkten (items) wird wieder, dem Schweregrad nach, eine Symptomreihe aufgezählt. Auch die Befindlichkeitsskala von *Zeersen* ist imstande, Daten über variable Formen des Depressionssyndroms zu liefern. Im Zuge zunehmender Perfektionierung gibt es sogar Erhebungsbögen mit 400 items.

Für den praktischen Arzt sind solche Erhebungsbögen praktisch nicht verwendbar, weil das Ausfüllen zu viel Zeit in Anspruch nimmt und das einfache Gespräch das gleiche Informationsgut bringt. Für die Erprobung eines antidepressiven Medikamentes sind solche Rating scales wertvoll, da für die Herstellerfirma oder die Behörden Unterlagen gewonnen werden, die eine günstige therapeutische Wirkung einer Droge relativ objektivieren lassen. Bei geringen Fallzahlen ist es – unserer Ansicht nach – zweckmäßig, daß nur ein Arzt die Erhebungen durchführt und nicht eine Schwester oder mehrere Ärzte, womöglich jeden Tag ein anderer. Wissenschaftlich schaut dabei nicht viel heraus. Wenn man ein neues Antidepressivum 10 versierten Psychiatern für 3 Monate zur Erprobung gibt, kann global für die Zweckmäßigkeit der Einführung dieses Medikamentes mehr ausgesagt werden, als durch noch so viele Berichtblätter (Record sheets).

Wir selbst verwenden bei Auswertungen neuer Medikamente ebenfalls eine Symptomliste, die sich uns in den letzten 15 Jahren

Tabelle 2: Rating-scale (Ambrozi, Birkmayer)

	0	1	2	3
1. Vitale Unlust 2. Lustlos 3. Freudlos 4. Interesselos 5. Antriebslos 6. Entschlußlos 7. Konzentrationslos 8. Verminderte Leistungsfähigkeit 9. Verlangsamung der Arbeit				
10. Schlaflos 11. Appetitlos 12. Gewichtsabnahme 13. Obstipation 14. Libido-Verlust 15. Ausbleiben der Mensis				
16. Abendliche Remission 17. Zwangsgrübeln 18. Zukunftssorgen 19. Pessimistische Ideen 20. Selbstvorwürfe 21. Schuldgefühle 22. Angst 23. Suizidtendenz 24. Hypochondrische Beschwerden 25. Reduzierter Muskeltonus 26. Starre Mimik 27. Spannungslose Stimme				

als zweckmäßig erwiesen hat *(Tabelle 2, Rating scale nach Ambrozi–Birkmayer).* Sie liefert verbindliche Aussagen, ist verständlich, rasch auszufüllen und kann von jedem Arzt und auch von jedem Patienten verwendet werden. Die Schwere der Symptome wird durch die Zahlen 1–3 ausgedrückt. Ein Vorteil dieser Symptomskala liegt darin, daß sich die vordringlichsten Symptome klarer herausheben. Dadurch kann man den Hauptangriffspunkt diverser antidepressiver Drogen statistisch besser erfassen. Wie gesagt, benötigen die Erzeugerfirmen zum Einreichen bei den Zulassungsbehörden eine große Zahl von solchen Erhebungsbögen – in anglikanischen Ländern meist mit Daten, die im doppelten Blindversuch erhoben wurden. Beim doppelten Blindversuch werden Placebos und wirksame Drogen in gleicher äußerer Aufmachung dem Patienten verabreicht, wobei weder Patient noch Arzt wissen, welche Charge wirksam und welche das Placebo ist. Ich halte doppelte Blindversuche nur bei der Erprobung von solchen Medikamenten für notwendig, bei denen ein suggestiver Erfolg möglich ist, also bei Schlafmitteln oder bei Analgeticis. So wenig man zum Beispiel bei antibiotischen Drogen einen doppelten Blindversuch benötigt, um die Wirksamkeit zu demonstrieren, so überflüssig sehe ich den doppelten Blindversuch bei der Auswertung antidepressiver Drogen an. Der wirksame antidepressive Effekt einer Droge ist vom Arzt genau so objektiv zu beurteilen wie bei einem Antibiotikum, da der Depressive ein organisch Kranker ist und ein suggestiver Erfolg der Droge bei ihm fast ausgeschlossen ist.

Eine weitere Methode zur Objektivierung pathologischer Reaktionen der vegetativ-affektiven Sphäre besteht in der **polygraphischen Registrierung** *(Ambrozi–Birkmayer).* Wir verwenden seit 12 Jahren eine polygraphische Registrierung (Deceptograph der Fa. Stoelting, Chicago), bei der die Atmung, der psychogalvanische Hautreflex (PGR), der Blutdruck und die Pulsfrequenz laufend registriert werden. Auf verschiedene Reize (optisch, akustisch, affektiv – durch Vorzeigen bestimmter Rohrschachbilder) tritt eine Response in Form einer Amplitudenschwankung auf. Beim normalen Fall erfolgt diese Amplitudenschwankung in allen erfaßten Funktionen gleichzeitig und in gleicher Richtung. Die Amplitudenschwankung der Atmung, des PGR, des Blutdrucks und des Pulses bezeichneten wir als vegetativ-affektive arousal reaction. Die Response des PGR ist als affektive Reaktion auf einen unspezifischen Reiz anzusehen. Bei gehemmten Depressionen konnten wir fast regelmäßig das Bild einer affektiv-vegetativen Starre erheben, das heißt, weder Atmung noch Kreislauf noch PGR zeigen auf verschiedene Reize eine Response. Diese vegetativ-affektive Starre ist natürlich nicht spezifisch für die Depression, sondern wir registrieren sie auch bei antriebslosen schizophrenen Defektzuständen oder bei vegetativen Erschöpfungsphasen. Die Nichtansprechbarkeit bei Depressionen war für uns nur der Beweis des Vorhandenseins echter Funktionsstörungen. *Abbildung 20* gibt die Kurven einer gehemmten Depression wieder. Weder Atmung noch Kreislauf noch PGR zeigen eine Amplitudenschwankung. *Abbildung 21* zeigt eine analoge Registrierung bei einer agitierten Depression. Im PGR besteht eine erhöhte Amplitudenschwankung, die auf Reize keine Response erkennen läßt, desgleichen fehlen die Reaktionen bei der Atmung und beim Blutdruck. *Abbildung 22* schließlich zeigt eine sogenannte Desintegration. Das heißt, bei hohen Spontanschwankungen im affektiven Bereich (PGR) kommt es in der At-

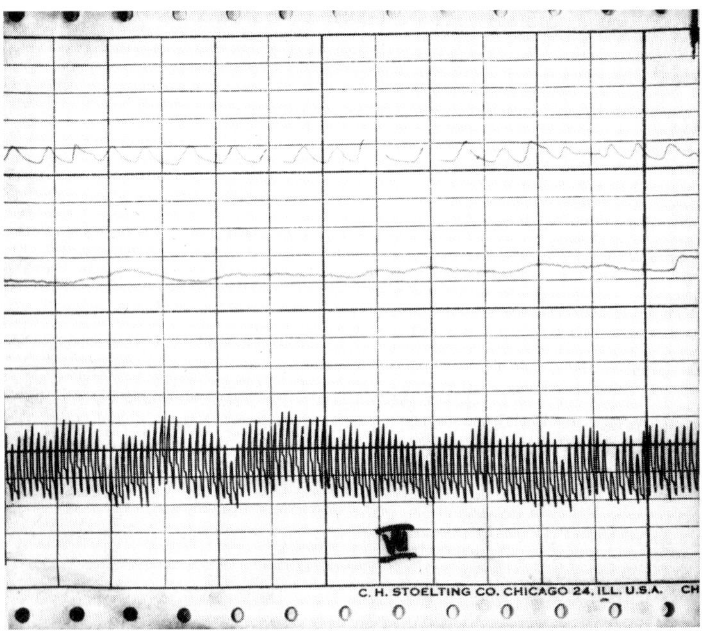

Abbildung 20: Reticuläre Starre bei gehemmter Depression. Keine vegetative, keine affektive response auf verschiedene Reize.

mung und im Blutdruck zu keiner Reaktion. Diese desintegrierte Response zeigt an, daß die – für den Normalfall typische – gleichgerichtete und gleichzeitige vegetativ-affektive Reaktion ausbleibt. Die Reaktionen in den verschiedenen untersuchten Sektoren lassen ein adäquates affektives Ansprechen im PGR und eine fehlende Reaktion in der Atmung und im Blutdruck erkennen. Es gibt aber auch Kurven, bei denen es in der Atmungskurve zu einer Hyperpnoe kommt, während der PGR starr bleibt und die Kreislaufkurve nur reizunabhängige Schwankungen aufweist. *(Abbildung 23).*

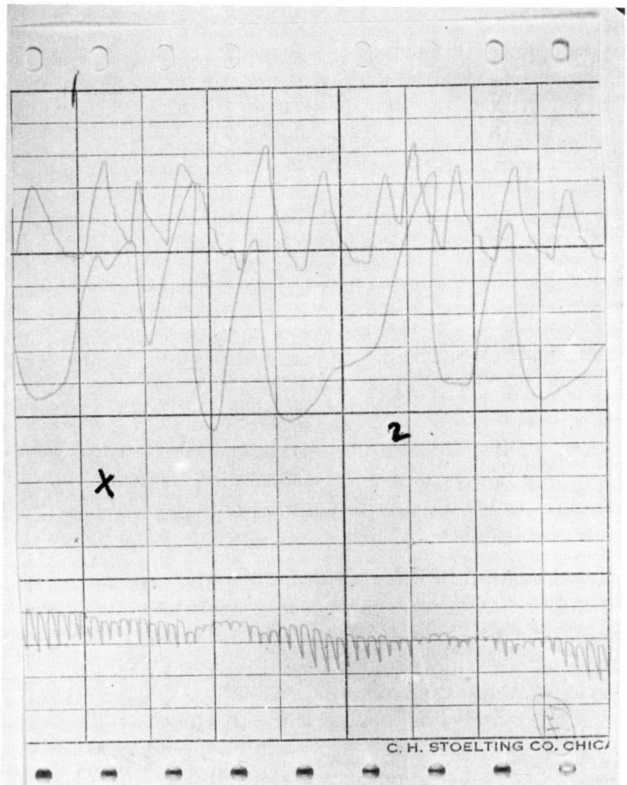

Abbildung 21: Polygraphische Registrierung einer agitierten Depression. Maximale Spontanamplituden im PGR, aber keine response auf Reize.

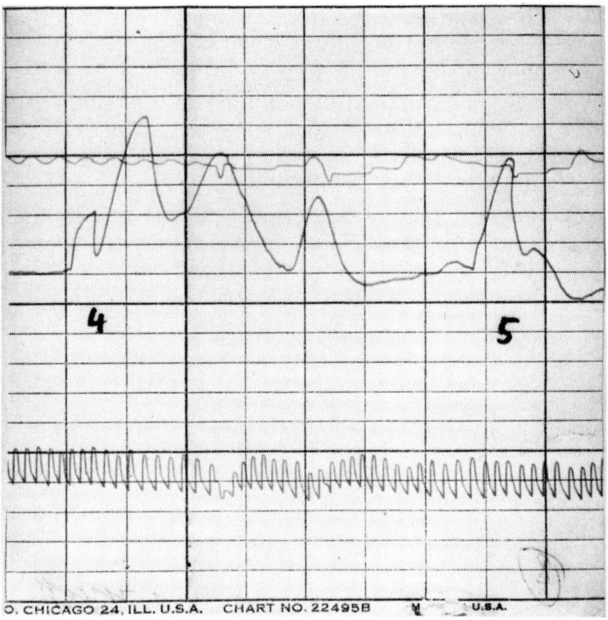

Abbildung 22: Desintegrierte reticuläre Reaktion. PGR starke Amplitudenausschläge. Atmung, Puls und Blutdruck zeigen keine Reaktion.

Man kann verstehen, daß bei Versagen des Regelkreissystems der retikulären Formation solche dissoziierte Reaktionen auf Milieureize auftreten, die das Bild einer gestörten Befindlichkeit optisch veranschaulichen.

H. Heimann hat mit exakten psychobiologischen Untersuchungen die Objektivierung depressiver Symptome unterbaut. So konnte er in **Filmanalysen** durch Messung der Lidspaltenweite sowohl eine Zunahme der Angst als auch eine Verbesserung der depressiven Stimmung objektiv festhalten. Desgleichen konnte er durch Filmanalysen eine Zunahme der mimischen Bewegung als Maß der klinischen Besserung objektiv aufzeigen. Alle diese psychobiologischen Objektivierungsmethoden können nur aussagen, daß ein Steuerungssystem im Hirnstamm schlecht funktioniert. Die Ergebnisse sind aber nicht spezifisch für das Depressionssyndrom.

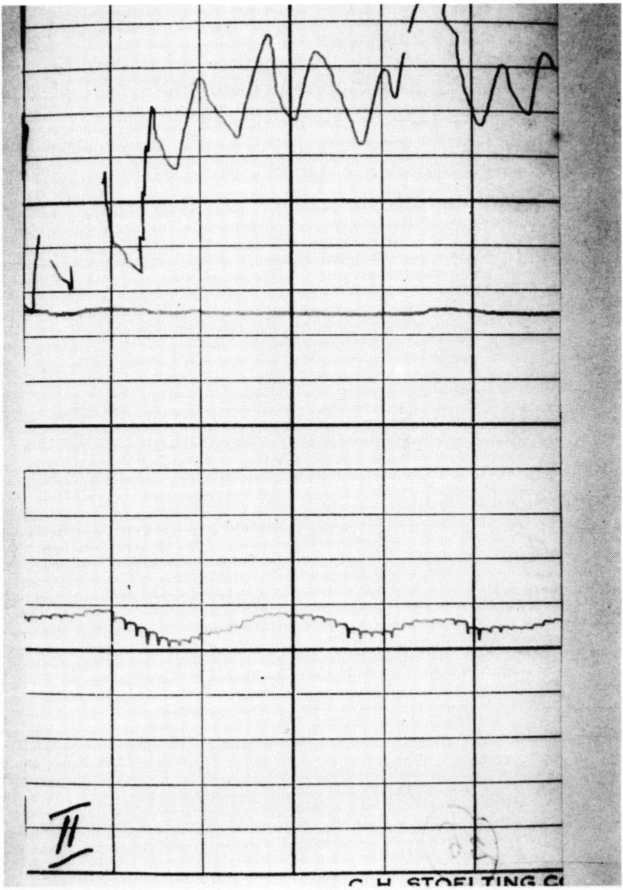

Abbildung 23: Desintegration. Die Atmung zeigt eine permanente Steigerung auf einen Reiz. PGR (Affekt), Puls und Blutdruck zeigen keine Reaktion.

Wandel der depressiven Symptome

Schließlich ist eine weitere Fragestellung interessant:
Ist das Erscheinungsbild der Depression, also die klinische Symptomatik, in den letzten 100 Jahren einem Wandel unterle-

gen und sind die klinischen Symptome der Depression in allen Kulturkreisen der Welt gleich?

H. Lenz hat diese Fragen eingehend untersucht. Er hat herausgefunden, daß in den letzten 20 Jahren die Schuldgefühle, die im Rahmen einer Depression auftreten, beträchtlich abgenommen haben. Am Beginn unseres Jahrhunderts schienen sie in den Krankengeschichten bei 70 % und heute nur mehr bei 30 % der Patienten auf. Aus seiner Untersuchung ergibt sich auch eine Abnahme der Selbstmordversuche, wogegen nach *Ringl, Pöldinger* und nach unserer Erfahrung die Selbstmordtendenz und auch die durchgeführten Selbstmordversuche in den letzten 20 Jahren zugenommen haben.

Die hypochondrischen Beschwerden und die Verlustsymptome (H. Lenz) also Schlaflosigkeit, Freudlosigkeit, Hoffnungslosigkeit, Antriebslosigkeit usw. sind in allen untersuchten Perioden gleichgeblieben. Diese Verlustsymptome und auch die Angst scheinen in allen Kulturkreisen auf, wogegen zum Beispiel im asiatischen und afrikanischen Kulturkreis Schuldgefühle praktisch nicht vorkommen.

Nach unserem Konzept einer biochemischen Balancestörung im Hirnstamm ist dieses Ergebnis nicht verwunderlich. Die vegetativen Funktionen, die affektiv emotionale Aktivität, der Antrieb sind Funktionen, die auf einer geregelten Arbeitsweise der biochemischen Transmittersubstanzen basieren. Es sind phylogenetisch alte Funktionen, die keine Variabilität durch soziale oder kulturelle Einflüsse erkennen lassen. Angst ist in allen Kulturkreisen und sozialen Schichten ein Dekompensationsphänomen eines affektiven Wohlbefindens, sowohl im afrikanischen Urwald als auch in der modernen Großstadt. In verschiedenen Kulturkreisen treten einzelne klinische Symptome gehäuft auf. Die vitale Unlust, der Mangel an Antrieb, die Angst und die hypochondrischen Leibgefühle sind jedoch ubiquitär.

3. Therapie

Der Elektro-Schock

Nach Kenntnis des Krankheitsbildes ‚Depression' kann man sich ohne weiteres vorstellen, daß im Mittelalter Teufelsaustreibungen oder Hexenverbrennungen als Therapie angewendet wurden. Noch vor 40 Jahren bestand die ultima ratio in der Verabreichung von Opium. 1938 schlug die Sternstunde der Depressionstherapie: *Bini* und *Cerletti* hatten die Methode des Elektrokrampfes bekanntgegeben. In Anlehnung an den Insulinschock von *M. Sackel* und den Cardiazolschock von *L. von Meduna* zur Behandlung der Schizophrenie nannten Bini und Cerletti ihre Methode ‚Elektro-Schock'.

Ein elektrischer Strom von 110 Volt, 0,8 Ampere wird für 1–1,5 Sekunden von zwei – an den Schläfen angelegten – Elektroden durch den Kopf geleitet. Die Folge davon ist ein cerebraler Krampfanfall, der mit einer tonischen Phase beginnt und in klonische Zuckungen übergeht. Die Dauer beträgt 3–5 Minuten. Der Patient wird mehr oder weniger cyanotisch, es kommt zu einer Apnoe, dann beginnt eine Schluckatmung, schließlich eine Cheyne-Stockes Atmung und nach einigen tiefen Atemzügen stellt sich eine tiefe, gleichmäßige Atmung ein. Nach 5–10 Minuten schlägt der Patient die Augen auf, schaut ratlos umher, weiß nicht wo und warum er hier ist. Meist folgt ein tiefer Schlaf in wechselnder Dauer. Es gibt aber auch echte Dämmerzustände, in denen sich die Patienten herumwälzen, versuchen aufzustehen und umherzulaufen. In dieser Excitationsphase müssen sie natürlich vom Arzt und vom Pflegepersonal vor Selbstbeschädigungen bewahrt werden. Im Gegensatz zum Cardiazolschock besteht eine völlige Amnesie.

Wir haben die Methode des Cardiazolschocks 1935 in Wien eingeführt, sie aber alsbald fallengelassen, da der Patient vom Augenblick der Injektion bis zum Beginn der Krämpfe eine entsetzliche Todesangst erlebt, für die keine Amnesie besteht. Dadurch mußten die Patienten mit größter Anstrengung, ja mit Gewalt, zu weiteren Schocks gebracht werden. Diese Angst fehlt beim Elektro-Schock zunächst völlig.

In der heutigen Zeit, in der man vor dem Elektro-Schock Muskelrelaxantien (Lystenon 0,1 g/10 kg Körpergewicht) langsam i. v.

injiziert, sind für den Arzt die Schrecken der Krampftherapie genommen, da die Intensität der Krämpfe so verringert wird, daß weder Knochenbrüche noch sonstige Verletzungen auftreten. Bei ängstlichen Patienten kann man vorher eine Kurznarkose mit Epondol i. v., verwenden und Lysthenon anschließen. Der Patient weiß dann überhaupt nicht, daß etwas und was mit ihm geschehen ist. Gelegentlich fragt der aufgewachte Patient: „Herr Doktor, wann komme ich dran?" Der Nachteil der Kurznarkose besteht in der Möglichkeit einer Atemdepression, die sogar zum Atemstillstand führen kann. Beatmungsgeräte mit Intubation müssen vorhanden sein. Wir geben routinemäßig schon in den letzten Krampfphasen eine Sauerstoffbeatmung. Durch den Krampfanfall kommt es zu einer cerebralen Hypoxie, von der wir glauben, daß sie für das amnestische Syndrom nach der Elektro-Schocktherapie verantwortlich zu machen ist. Gerade diese – gelegentlich sehr lästige – Nachwirkung kann durch die vorzeitige Sauerstoffbeatmung verhindert oder zumindest verringert werden.

Damit sind wir schon bei den Nachteilen der Elektro-Schockbehandlung: Nach drei bis fünf Behandlungen tritt in den meisten Fällen eine Vollremission ein, was vom Patienten als großes Glück erlebt wird. Gerade bei Patienten mit intellektuellen Berufen – Ärzten, Rechtsanwälten, Hochschulprofessoren usw. – ist jedoch das amnestische Syndrom einer sofortigen Berufsausübung sehr hinderlich. Einfache intellektuelle Persönlichkeitsstrukturen klagen fast nie über Vergeßlichkeit und Konzentrationsstörungen. Man wird daher bei geistig differenzierten Patienten in der Indikation zu einer Elektro-Schock-Therapie – besonders im fortgeschrittenen Alter – sehr zurückhaltend sein.

Vorläufig noch völlig ungeklärt ist die Tatsache, daß nach dem dritten bzw. vierten Elektro-Schock bei allen Patienten eine unbegründbare Angst vor der Behandlung eintritt, auch wenn sie in Vollnarkose geschockt werden. Nur mit großer Überredungskunst gelingt es, die Patienten zur Fortsetzung der Kur zu bewegen. Bei einem vorzeitigen Abbruch der Behandlung stellt sich ein Rezidiv der Depression ein, das zu einem katstrophalen Abfall der Stimmung und nicht selten zu einem Selbstmord führt. Man kann sich nur vorstellen, daß eine Art Urangst im Hirnstamm mobilisiert wird.

Warum die Methode der Elektro-Schockbehandlung etwas ausführlicher geschildert wurde, liegt darin, daß der praktische Arzt wissen soll, wie diese Therapie vor sich geht. Er muß dem Patienten die Vor- und Nachteile dieser Behandlung referieren, damit dieser nicht auf die sensationellen Darstellungen in Filmen oder Bildzeitschriften angewiesen ist. Mit einem Beatmungsgerät und mit einem cardialen Elektro-Schockgerät sind Komplikationen mit tödlichem Ausgang fast ausgeschlossen. Natürlich wird man – besonders bei älteren Patienten – eine interne Untersuchung vornehmen lassen und gegebenenfalls eine Strophantinkur vor oder während der Elektro-Schockbehandlung durchführen.

Die Indikation für eine Elektro-Schockbehandlung ist für uns ziemlich klar:

1. bei hochgradiger Angst und Suicidgefahr,
2. bei chronisch Depressiven, die schon die gesamte Skala der antidepressiven Drogen durchgekostet haben (meist in zu niedriger Dosierung) und bei denen eben einmal eine Zäsur der krankhaften Störung geschaffen werden muß.

Der Vorteil der Methode ist – wie gesagt – ein fast 100 %iger Heilerfolg, der Nachteil das amnestische Syndrom.

Wir haben allerdings noch ein weiteres Motiv, die Indikation zur Elektro-Schocktherapie einzuschränken: nach unserer Erfahrung ist die Gefahr eines Recidivs nach einer Elektro-Schockbehandlung größer als bei einer symptomatischen Behandlung mit einem Antidepressivium. Die Behandlung der Depression mit antidepressiven Drogen kürzt die Krankheitsphase nicht wesentlich ab, sie lindert bzw. beseitigt nur die subjektiven Beschwerden. Das Ausklingenlassen einer Depression ist scheinbar zur Verhinderung eines Recidivs von Vorteil.

Eine absolute **Kontraindikation** zur Elektro-Schocktherapie besteht bei chronischem Alkoholismus und nach schweren Schädel-Hirntraumen. In unserem depressiven Krankengut von über 2000 Patienten in den letzten 5 Jahren kamen durchschnittlich 5 % zur Elektro-Schocktherapie.

Psychopharmaka

Der Schweizer Psychiater *R. Kuhn* hat 1957 entdeckt, daß Imipramin (Tofranil) eine stimmungsaufhellende Wirkung hat. Er war mit dieser Entdeckung der Vater der Depressionsbehandlung mit pharmakologischen Drogen. Dieser Erfolg hat viele pharmazeutische Firmen angeregt, antidepressive Drogen zu entwickeln. Heute gibt es eine derartige Fülle von Präparaten, daß sie weder vom Fachmann und schon gar nicht vom praktischen Arzt übersehen werden können. Es empfiehlt sich aber für den praktischen Arzt, mit wenigen Drogen, deren Wirkung und Nebenwirkung er genau kennt, zu arbeiten. Er wird damit sich und seinen Patienten viele Enttäuschungen ersparen.

Allgemeiner Grundsatz:

> bei Kindern und alten Patienten mit niedrigen Dosen beginnen.

Kielholz-Schema

Das weltbekannte ‚Kielholzschema' zeigt *Abbildung 24.*

Paul Kielholz unterscheidet bei einem Antidepressivum drei Zielwirkungen:

1. die stimmungsaufhellende Wirkung
2. die antriebssteigernde Wirkung
3. die angstlösende Wirkung.

Auf dem Schema stehen ganz links die antriebssteigernden Medikamente, Hemmstoffe der Monoaminooxydase (MAO Hemmer) und ganz rechts die angstlösenden Drogen, wie Truxal oder Melleril. In der Mitte steht das Trofranil, das einen großen stimmungsaufhellenden Effekt und eine geringe antriebssteigernde und geringe angstlösende Wirkung hat. In dem Schema sind natürlich nicht alle antidepressiven Medikamente angeführt, sondern – wie mir Paul Kielholz mitgeteilt hat – nur diejenigen, die an seiner Klinik erprobt wurden. Es scheint besonders wichtig zu sein, daß Vergleichsuntersuchungen an denselben Kliniken, mit den gleichen Beurteilungsmethoden und von versierten Experten durchgeführt werden. Vergleichsuntersuchungen an verschiedenen Kliniken ergeben meist verschiedene Resultate. Ein Spaßvogel hat einmal auf einem Kongreß gesagt: „Je weiter die untersuchenden Kliniken voneinander entfernt sind, um so übereinstimmender sind die Resultate; je näher sie beisammen sind, um so divergierender sind ihre Ergebnisse." Das hat sicher mit der ‚intraspezifischen Aggression' von Konrad Lorenz etwas zu

Schematische Darstellung der Wirkungsprofile der Antidepressiva

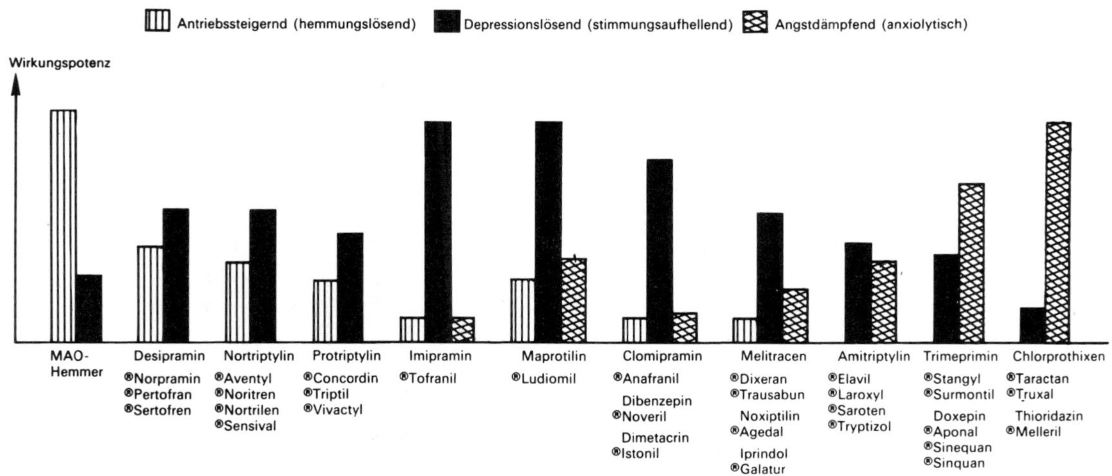

Abbildung 24: Kielholz — Schema

tun, die ja eine Konkordanz benachbarter Berufsgruppen erschwert.

Dieses Schema von Kielholz zeigt natürlich nur statistische Mittelwerte. Der Arzt wird immer einzelne Patienten sehen, die angeben, daß Tofranil sie müde und schläfrig macht, während sie sich nach Tryptizol aktiviert fühlen, obwohl statistisch letztere Droge in den meisten Fällen beruhigend wirkt und nur eine geringe Antriebssteigerung zeigt. Nie findet man hingegen durch die linksstehenden MAO Hemmer eine schlafanstoßende Wirkung oder durch Melleril einen antriebssteigernden Effekt.

Es sollen nun eine Reihe von Präparaten, die wir an unserer Abteilung untersucht haben, angeführt und unsere Erfahrungen übermittelt werden. Als Kriterien werden die Intensität des antidepressiven Effektes, die Dosierung und häufige Nebenwirkungen angegeben. Für Kollegen, die bei Kongressen ihrem Imponiergehaben frönen wollen, sind die ‚generic names' in Klammer beigesetzt. Die Zusammenstellung basiert auf persönlichen Erfahrungen an über 2000 depressiven Patienten der letzten 5 Jahre und berücksichtigt keine Literaturberichte. Sie ist also rein subjektiv – aber die sogenannte Wahrheit ist ja auch nur ein statistischer Mittelwert zahlreicher Einzelmeinungen.

Tryptizol, Saroten, Laroxyl

Tryptizol, Saroten, Laroxyl (Amitriptylin) haben nach unserer Erfahrung die größte stimmungsaufhellende Wirkung und daher die breiteste Anwendung gefunden. Der Vorteil besteht darin, daß relativ rasch eine beruhigende Wirkung eintritt und die quälenden Beschwerden verschwinden. Damit geht eine schlaffördernde Wirkung einher. Auch Parkinson-Kranke, die unter der Dopa-Therapie über Unruhe, Erregung und Schlaflosigkeit klagen, bekommen von uns abends Saroten. Ein Nachteil liegt darin, daß die antidepressive Wirkung erst nach längerer Zeit eintritt. An zweiter Stelle steht die angstlösende Wirkung. Der antriebssteigernde Effekt ist im allgemeinen weniger ausgeprägt, daher auch die häufige Nebenwirkung einer Müdigkeit und Schläfrigkeit, die besonders bei berufstätigen depressiven Kranken hemmend ins Gewicht fällt.

Die Dosierung hängt von der Schwere des Falles ab. Leichte Depressionen, besonders Kinder und alte Leute, und auch larvierte Formen bekommen dreimal täglich 10 mg oder 10 mg morgens und 10 mg abends. Mittelschwere Fälle erhalten dreimal 25 mg täglich. Mit dieser Dosis sind die meisten Kranken nicht mehr arbeitsfähig. Zur Steigerung des Effektes sind zusätzlich Injektionen von einer Ampulle Saroten oder Tryptizol täglich oder dreimal wöchentlich i. m. empfehlenswert. Der stimmungsaufhellende Effekt ist bei Injektionen größer als bei der oralen Medikation.

Die Nebenwirkungen sind bei Injektionen weniger ausgeprägt. Nach 10–20 Injektionen kann man auf die orale Therapie zurückgehen, wenn die Symptome verschwunden sind. In besonders hartnäckigen Fällen geben wir Infusionen mit 50 mg Saroten in 250 ml Lävosan (täglich oder dreimal wöchentlich). Der antidepressive Effekt ist stärker; meist läßt sich aber eine solche Intensiv-Therapie nur stationär durchführen. Bei gewissenhafter familiärer Betreuung machen wir sie aber auch ambulant. Der Vorteil liegt in der optimalen Stimmungsaufhellung, der Nachteil in deliranten Verwirrtheitszuständen, die bei älteren Patienten auftreten können. Die deliriogene Wirkung ist für viele antidepressive Drogen charakteristisch. So wie nach neuroleptischen Drogen (Haloperidol) Parkinson-Symptome auftreten können, entstehen bei hoher Dosierung von antidepressiven Drogen i.v. Verwirrtheitszustände, die nach Absetzen der Therapie alsbald wieder verschwinden. Bei leichten Fällen soll der praktische Arzt mit dreimal 10 mg täglich beginnen.

Wie lange soll man die Behandlung fortführen?

So lange, bis der Patient über keine Beschwerden mehr klagt. Wenn er zum Beispiel bei der Kontrolle sagt: ,,Tagsüber fühle ich mich sehr wohl und leistungsfähig, Herr Doktor, nur abends überkommt mich noch immer eine gewisse Unruhe und ich kann nicht einschlafen", dann muß er eben abends 25 mg Saroten oder ähnliches schlucken. Das Absetzen soll nie brüsk, sondern allmählich ausschleichend vor sich gehen.

Der Nachteil von Tryptizol, Saroten und Laroxyl liegt in der müdmachenden Wirkung am Beginn der Behandlung und im langsamen Wirkungseintritt (2–3 Wochen).

Tofranil

Tofranil (Imipramin) wurde – wie erwähnt – von *R. Kuhn* als Antidepressivium entdeckt. Nach unserer Auffassung müßte man es im Kielholz-Schema weiter nach links rücken. Der stimmungsaufhellende Effekt tritt frühestens nach drei Wochen ein. Der antriebssteigernde Effekt ist stärker als beim Saroten, weshalb bei latenter Suicidgefahr Tofranil nicht gegeben werden soll. Bei Suicidgefahr muß man die Initiative und den Antrieb dämpfen. Es hat auch keine schlafanstoßende Wirkung, so daß viele Patienten berichten, daß sie sich wohl gelöster fühlen, aber nicht einschlafen können. Es ist dies kein Problem, man gibt dann eben Tofranil morgens und mittags, abends aber Tryptizol (25 mg). Ein weiterer Nachteil des Tofranil besteht in der relativ langen Anlaufzeit. Frühestens nach drei bis vier Wochen stellt sich ein Erfolg ein, was den leidenden Patienten oft verzweifeln läßt und ihn dazu verführt, auf ein anderes Präparat überzugehen.

> Der häufige Wechsel eines Antidepressivums ist unzweckmäßig. Man soll jedes Medikament mindestens 4–6 Wochen ausprobieren und erst wenn der Erfolg ausbleibt, auf ein anderes Mittel übergehen. Jedes Medikament hat eine gewisse Anlaufzeit, und wenn man alle 2 Wochen wechselt, erreicht man nie die Heilwirkung. Der Patient ist daher verzweifelt und sagt: „Mir kann nichts mehr helfen" und bringt sich um.

Der antidepressive Effekt des Tofranil ist gut, die Antriebssteigerung mitunter sehr gut. Man dosiert wieder dreimal 10 mg bis dreimal 25 mg täglich, zusätzliche Injektionen täglich i.m. Eine höhere Dosierung ist dem praktischen Arzt nicht zu empfehlen, da die Nebenwirkungen des Tofranil sehr unangenehm sein können. Neben der ungefährlichen Mundtrockenheit und Schweißausbrüchen, sind es vor allem cardiale Beschwerden, Herzklopfen, Arrhythmien, die vom depressiven Patienten doppelt so intensiv registriert werden. In der Literatur wird häufig von einer cardiotoxischen Nebenwirkung gesprochen; das ist natürlich ein Unsinn. Tofranil ist nicht toxisch, sondern es potenziert die Noradrenalin-Aktivität. Da Noradrenalin die Peitsche der nervösen Herzaktion darstellt, führt ein Zuviel zu einer gesteigerten Herztätigkeit. Das kann besonders bei älteren Patienten mit diffuser Myocardschädigung oder nach einem akuten Herzinfarkt zu echten Funktionsstörungen führen. Solche cardialen Beschwerden sind ein Anlaß, Tofranil abzusetzen und auf ein anderes Medikament überzugehen. Allergische Reaktionen und verzögerte Harnentleerung treten gelegentlich auch auf. Die Therapie ist analog der beim Tryptizol. Wenn keine Suizidgefahr besteht und der Antriebsmangel im Vordergrund des Beschwerdebildes steht, ist Tofranil auch heute noch ein sehr brauchbares Antidepressivum. Wir geben bei alten Menschen, die an sich keine echte Depression haben, aber besonders in den Morgenstunden moros, inaktiv und affektlahm dahindösen, 10–20 mg Trofranil und abends 20 mg Saroten oder Tryptizol. Da diese Drogen eine Potenzierung der biogenen Amine im Hirnstamm bewirken, halten wir diese Medikamente für die zweckmäßigsten geriatrischen Drogen. Jedenfalls sind sie besser als alle Vitamin- und Hormonkombinationen.

Der Nachteil des Tofranil liegt in der relativ langen Anlaufzeit, bei der manche Patienten die Geduld verlieren und in der Noradrenalin – potenzierenden Wirkung, die eben gelegentlich zu Erregung, Schlaflosigkeit und Angst führt. Ich schätze, daß Tofranil bei ca. 30 % der depressiven Patienten Erfolg bringt.

Ludiomil

Ludiomil (Maprotilin) hat ebenfalls ein breites Wirkungsspektrum. Es wirkt sowohl stimmungsaufhellend als auch antriebssteigernd und angstlösend. Der Vorteil von Ludiomil liegt darin, daß es einen raschen Wirkungseintritt hat. Kommt etwa ein ängstlich depressiver Patient am Wochenende zum Arzt und bietet ein trostloses Bild, dann ist eine Injektion von 1–2 Ampullen Ludiomil i.v. ausreichend, um dem Patienten ein relativ ruhiges Wochenende zu bescheren. Wenn natürlich die Möglichkeit einer Spitalsaufnahme besteht, dann ist dieser Weg für Arzt und Patient zu bevorzugen.

In der Tabelle von Kielholz steht Ludiomil rechts vom Tofranil. Das entspricht auch unseren Erfahrungen. Es klagen manche Patienten – besonders initial – über Müdigkeit: „Ich bin den ganzen Tag schläfrig, kann nicht klar denken, gehe wie auf einer Wolke.“ Dagegen gibt es aber auch Patienten, die initial über Erregung und Schlaflosigkeit klagen. Das Ludiomil hat eben eine amphotrope Wirkung, das heißt, bei einem Patienten wirkt es mehr beruhigend – und daher auch müdmachend – beim anderen antriebssteigernd aber auch erregend und schlafstörend.

Unser Dosierungsschema richtet sich wieder nach der Schwere des Falles und schwankt von dreimal 10 mg bis dreimal 25 mg, in schweren Fällen dreimal 50 mg täglich. Injektionen von 25 mg können sowohl i.v. als auch i.m. gegeben werden. (Eine i.m. Injektion hat den Vorteil, daß der Patient ruhig selbst im Auto nach Hause fahren kann.) Der antidepressive Effekt des Ludiomil ist dem des Tryptizol gleichzusetzen. Es hat den Vorteil des früheren Wirkungseintrittes. Eine Eigenheit des Ludiomil besteht – nach unserer Erfahrung – darin, daß schon nach 1–2 Wochen ein Erfolg eintreten kann. Wenn nach dieser Zeit keinerlei Effekt zu beobachten ist, dann ist es zwecklos, Ludiomil weiterzugeben. Wir wechseln dann sofort auf ein anderes Antidepressivum.

Ludiomil hat auch den Vorteil, daß man es bei Glaukom-Patienten geben kann. Anticholinerge Antidepressiva wirken – zumindest in höherer Dosierung – drucksteigernd auf den Augeninnendruck und sind daher bei Glaukom kontraindiziert. Wir haben zwar in den letzten 5 Jahren keinen akuten Glaukomanfall im Rahmen einer antidepressiven Therapie gesehen, in der Literatur wird aber immer davon gesprochen.

Bei hartnäckigen chronisch depressiven Patienten geben wir täglich Infusionen mit 2 Ampullen Ludiomil i.v. und schließen erst bei negativem Erfolg eine Elektro-Schockbehandlung an.

In der Wirkungsbreite steht Ludiomil zwischen Trofranil und Tryptizol, also etwa bei einer Erfolgsquote von 50 %. Diese drei Drogen verfügen über die größte antidepressive Potenz, die von keinem Medikament links oder rechts von Tofranil (Tabelle Kielholz) erreicht wird.

Alle links vom Tofranil stehenden Medikamente verfügen über eine wesentlich geringere antidepressive Potenz. In Fällen, bei denen die depressive Verstimmung gering, der Antriebsmangel aber stark ausgeprägt ist, kann man sie versuchen. Wir benützen sie fast nie (Concordin, Nortrilen, Pertofran usw.). Anafranil (Clomipramin) würden wir ebenfalls links von Tofranil placieren. Der antidepressive Effekt ist stärker als der von Tofranil, aber das Präparat kann Kreislaufstörungen hervorrufen.

Noveril, Istonil, Agedal, Trausabun, Alival

Zu den antriebssteigernden Medikamenten, deren stimmungsaufhellender Effekt eher gering ist, möchten wir auch Noveril (Dibenzepin), Istonil (Dimetacrin), Agedal (Noxiptilin), Trausabun (Melitrazen) und Alival (Nomifensin) anführen. Der antidepressive Effekt dieser Medikamente ist – wie erwähnt – geringer. Wegen der geringeren Nebenwirkungen stellen sie ideale Drogen für die larvierte Depression dar. Da bei der larvierten Depression die Organbeschwerden im Vordergrund stehen, die Depression im engeren Sinn im Hintergrund steht, sind diese Medikamente empfehlenswert. Wir verordnen diese Gruppe ebenfalls in der Dosierung von 10 mg – 25 mg morgens und geben abends 10 mg Tryptizol dazu, Noveril 40–80 mg morgens und abends wieder ein beruhigendes Antidepressivum. Diese Drogen haben bei gering ausgeprägter Depression auch den Vorzug, daß sie wegen der minimalen Nebenwirkungen längere Zeit verabreicht werden können. Treten dennoch Schlaflosigkeit, Erregungszustände und Angst auf, dann muß man die Dosis reduzieren oder auf ein anderes Präprat übergehen.

Thombran/Trittico

Thombran (Trazodon) ist in dem Kielholz-Schema auf der rechten Hälfte zu plazieren. Das Präparat wirkt sowohl anxiolytisch/beruhigend als auch stimmungsaufhellend. Im Vergleich zu anderen Antidepressiva ist ein rascherer Wirkungseintritt zu beobachten. Wegen der minimalen Nebenwirkungen eignet sich Thombran auch für ältere Patienten.

Hauptindikationen: depressives Syndrom mit Symptomen wie: Angst, Suizidgefahr, Schlaflosigkeit; larvierte Depression.

Tägliche Dosis: 75 mg bis 150 mg, Beginn der Therapie mit einer Kapsel abends und Steigerung auf die Erhaltungsdosis innerhalb von 10 Tagen. Bei Suizidgefahr sofort 3mal 50 mg täglich. Wenn notwendig, ist eine Kombination mit anderen Psychopharmaka möglich. Pharmakologisch kann Trazodon den bekannten psychotropen Substanzen nur bedingt zugeordnet werden. Eine serotonin-stimulierende Wirkung scheint zu überwiegen.

Kombinationspräparate: Limbatril, Deanxit, Jatrosom

Bevor wir auf die – im Kielholz-Schema – rechts stehenden, angstlösenden Medikamente eingehen, soll einiges über Kombinationspräparate gesagt werden. Die bekanntesten sind: Limbatril, Deanxit und Jatrosom.

Limbatril ist eine Kombination von 25 mg Amitriptylin plus 10 mg Librium. Indikation: bei besonders ängstlichen und unruhigen Depressiven. Der angstlösende und sedierende Effekt ist sehr gut. Die meisten Patienten sind aber mit Limbatril nicht arbeitsfähig. Man kann Limbatril abends zu jedem anderen Antidepressivum zusetzen oder morgens und mittags Ludiomil à 25 mg und abends eine Kapsel Limbatril geben. Librium für sich kann man natürlich jedem Antidepressivum zusetzen, aber der Patient liebt im allgemeinen zu komplizierte Verordnungen nicht, so daß die fixe Kombination ihre Berechtigung hat. Wenn die angstlösende Wirkung durch Limbatril eingetreten, der Ermüdungseffekt aber zu groß ist, kann man morgens und mittags ein antriebssteigerndes Antidepressivum geben und nur mehr abends eine Kapsel Limbatril. Ältere Patienten geben gelegentlich an, daß sie auf Limbatril wohl sehr gut schlafen, aber morgens noch ganz benommen sind. Das zeigt an, daß der cerebrale Kreislauf nicht voll auf der Höhe ist und daß durch Limbatril über eine reticuläre Blockade eine nächtliche Hypoxie eintritt. In diesen Fällen muß man das Limbatril absetzen.

Deanxit, eine Kombination von 10 mg Melitrazen und 0,5 mg Flupenthixol hat sich als souveränes Mittel bei larvierten Depressionen einen großen Marktanteil erobert. Wir geben es meist dreimal am Tag, geben aber abends Saroten oder einen Tranquillizer wie Tavor, Adumbran, Praxiten oder Anxiolyt dazu. Der antidepressive Effekt des Deanxit ist an sich gering; bei leichten Verstimmungszuständen und bei larvierten Depressionen ist es absolut berechtigt. Es hat auch den Vorteil, daß es monatelang – ohne ins Gewicht fallende Nebenwirkungen – verabreicht werden kann.

Jatrosom besteht aus 13,7 mg Parnate (ein MAO Hemmer) und 1,18 mg Trifluorperazin (ein Neuroleptikum). Da die Monoaminooxydase die intraneuronal gelagerten biogenen Amine abbaut, war es naheliegend, bei Despressionen, bei denen ein Defizit an diesen Transmitterstoffen besteht, Hemmstoffe der MAO therapeutisch einzusetzen. *Nathan Kline* hat die Therapie mit MAO-Hemmern schon 1958 inauguriert. Die verfügbaren MAO-Hemmer Niamid, Marsilid und Marplan haben sich aber nicht bewährt. Diese Medikamente haben den Nachteil, daß ihre Wirkung erst nach 2 Wochen eintritt und daß nach Absetzen des Medikamentes noch 2 Wochen ein Effekt vorhanden ist. Das ist eine zu riskante Angelegenheit. Diese Therapie ist – besonders im europäischen Raum – zunächst verschwunden. Parnate (Tranylcypromin) hat aber den Vorteil, daß es einen raschen Wirkungseintritt hat und daß nach Absetzen die Wirkung sofort verschwindet. Amerikanische Riesendosierungen haben zu Todesfällen mit Hirnblutungen geführt, da durch die Noradrenalinanreicherung akute Hypertensionen entstehen können. Bei 5 mg Parnate morgens und mittags kommen solche Komplikationen oder Nebenwirkungen nicht zur Beobachtung. Der antidepressive Effekt von Parnate ist nicht sehr groß, der antriebssteigernde ist jedoch befriedigend. Dem apodiktischen Verbot, Hemmstoffe der MAO mit antidepressiven Drogen zu kombinieren, steht man heute auf Grund der anglikanischen Ergebnisse nicht mehr so absolut gegenüber. Bei Parnate in mäßiger Dosierung (10 mg täglich) kann man ohne weiteres ein anderes Antidepressivum zusetzen. Man braucht dabei auch keineswegs auf Käsegenuß zu verzichten. Wir glauben, daß bei gehemmten Depressionen ohne weiteres zweimal 5 mg Parnate mit dreimal 10 mg Saroten kombiniert werden können.

Nun wieder zu Jatrosom, das – wie gesagt – als antriebssteigernde Substanz Parnate und als angstlösende Substanz das Neuroleptikum Trifluorperazin enthält. Bei gehemmten Depressionen mittelschwerer Ausprägung kann man günstige Erfolge erwarten. Außer Schlaflosigkeit haben wir keine Nebenwirkungen beobachten können. Man muß dann eben die Mittags- oder Abendtablette auslassen.

Neue Entwicklung der Depressionstherapie

Wie im ersten Kapitel ausgeführt, scheint in fast allen Hirnstammregionen ein Defizit an Serotonin und Dopamin auf. Eine Substitution mit den Precursoren L-Typtophan und L-Dopa war naheliegend. Die Schwierigkeit dieser neuen Therapie liegt darin, daß sowohl Dopa als auch Tryptophan in der Peripherie durch das Enzym Decarboxylase zu Dopamin und Serotonin umgewandelt werden. Dadurch gelangt nur ein geringer Prozentsatz dieser Precursoren – und nur diese durchdringen die Blut-Hirnschranke – in das Zentralnervensystem. In der Peripherie entstehen aber durch die biogenen Amine eine Reihe von Nebenwirkungen (Erbrechen, Durchfall, Schwindel), die einen Erfolg behindern. Der Zusatz des Decarboxylasehemmers Benseracid (Ro 4-4602, Hoffmann La Roche), verhindert die Umwandlung von Dopa und Tryptophan zu Dopamin und Serotonin. Bei 40 % der

Depressionen haben wir mit L-Tryptophan (dreimal täglich 500 mg täglich plus Benseracid 3mal 50 mg täglich) befriedigende Erfolge gesehen.

Neueste Untersuchungen haben demonstriert, daß es in den Ganglienzellen eine MAO vom Typ A gibt, die vorwiegend Serotonin abbaut und eine MAO vom Typ B, die vorwiegend Dopamin abbaut. Deprenil ist ein Hemmstoff, der ausschließlich die MAO B blockiert. Nachdem wir an einer großen Untersuchungsreihe von Parkinson-Kranken gesehen hatten, daß Deprenil plus Madopar den kinetischen Effekt auch bei fortgeschrittenen Fällen entscheidend potenziert, haben wir diese Kombination auch bei Depressionen verwendet. Besonders bei gehemmten Depressionen ist der Erfolg zufriedenstellend. Noch besser ist der Erfolg, wenn man statt Dopa Phenylalanin – eine essentielle Aminosäure der gesamten Catecholaminreihe – zusetzt. Harmalin ist ein Hemmstoff der MAO A; in Kombination mit L-Tryptophan sieht man besonders bei agitierten Depressionen günstige Erfolge. Die Dosierung ist allerdings noch schwierig, da ein Zuviel an Serotonin Übelkeit, Erbrechen und Kollaps auslöst. Der schlaffördernde Effekt ist aber hervorragend, da ja Serotonin der physiologische Transmitterstoff für den Schlaf und für jede Sedierung ist.

Wenn die Entwicklung dieser neuen antidepressiven Therapie auch noch weit davon entfernt ist, allgemein praktiziert zu werden, scheint es mir doch wichtig, die praktischen Ärzte mit den neuesten Forschungsrichtungen vertraut zu machen.

Als vorläufige Planungsstudie beschäftigt uns die Frage nach Stimulatoren der Tyrosin-Hydroxylase und der Decarboxylase. Beides sind Enzyme, die Catecholamine und Indolamine synthetisieren. Wenn die Bestimmung dieser Enzymaktivität im Blut eine Insuffizienz anzeigt, die sich klinisch als Depressionssyndrom auswirkt, könnte man durch eine Aktivierung dieser synthetisierenden Fermente eine echte kausale Therapie der Depression ermöglichen.

Neuroleptische Drogen: Truxal, Melleril, Neurocil

Nun zu den – im Kielholzschema ganz rechts stehenden – Medikamenten, bei denen die angstlösende Wirkung im Vordergrund steht und der antidepressive Effekt weniger ausgeprägt ist. Meist sind es neuroleptische Drogen, die entscheidend in den Metabolismus der biogenen Amine eingreifen und daher nicht kritiklos verordnet werden sollten. Natürlich kann man bei Erregungszuständen jeglicher Genese (Alkoholrausch, Tobsuchtsanfall) ein Neuroleptikum verordnen; das geschieht ja in den psychiatrischen Anstalten in reichlichem Ausmaß. Aber die Nebenwirkungen in Form von Parkinson-Symptomen und orthostatischen Kreislaufbeschwerden lassen solche Medikationen für den praktischen Arzt eher problematisch erscheinen.

Rechts: Truxal (Chlorprothixen) kann man abends ruhig zu einem Antidepressivum zusetzen, wenn der Patient unruhig, ängstlich und schlaflos ist (50 mg). Wir würden es aber nur bei klinischen Patienten und nicht bei ambulanten empfehlen.

Melleril: (Thioridazin) hat nach unserer Erfahrung ebenfalls keinen entscheidenden antidepressiven Effekt, es wird aber bei ängstlichen, unruhigen, schlaflosen Patienten gerne der antidepressiven Therapie zugesetzt. Gegen Dosierungen von 25–50 mg abends besteht kein Einwand. Man muß sich nur darüber im klaren sein, daß neben dem angst- und spannungslösenden Effekt die Antriebshemmung verstärkt wird. Die rechts stehenden Medikamente wirken wohl optimal angstlösend, haben aber eine antriebshemmende Wirkung, wogegen die linksstehenden Medikamente den Antrieb steigern aber auch die Angst potenzieren.

Da der antidepressive Effekt dieser beiden Zielgruppen sehr gering ist, muß man unbedingt echte Antidepressiva zusetzen. Für erfahrene Ärzte ist dies kein Problem, für die große Gruppe der praktischen Ärzte würden wir vorschlagen, daß sie diese beiden polaren Gruppen nicht in ihr therapeutisches Programm aufnehmen. Wenn schon Angst und Schlaflosigkeit im Vordergrund stehen, geben wir meist Valium (Diazepam) 10 mg abends zur antidepressiven Medikation. Die blutdrucksenkende und müdmachende Komponente stört vor dem Schlafengehen in keiner Weise. Bei besonders hartnäckigen Schlafstörungen verwenden wir allerdings das Neuroleptikum Neurocil (Levopromazin) 5–25 mg abends. Der schlafanstoßende Effekt ist bei hochgradig erregten depressiven Patienten sehr gut. Bei dieser Dosierung haben wir keine Parkinson-Symptome beobachten können. Bei älteren Patienten allerdings kommt es vor, daß sie am nächsten Tag noch benommen sind und nicht klar denken können. Da ist dann natürlich eine Reduktion der Dosis bzw. ein Umstellen auf ein anderes Präparat notwendig.

Lithium

Nun zur Lithium-Therapie, besser gesagt zur Lithium-Prophylaxe. Die Indikation zur Lithium-Therapie ist an sich klar. Bei periodisch rezidivierenden Depressionen soll man in der Remissionsphase, am besten schon in der ausklingenden Depressionsphase, Lithium geben. Dadurch werden Rezidive in einem wesentlichen Prozentsatz verhindert. Wir glauben, daß Lithium bei 40 % der Patienten das Wiederauftreten einer depressiven Phase verhindert, bei 30 % treten nur abgeschwächte Depressionen auf und bei 30 % ist es erfolglos. Eine absolute Indikation für die Verabreichung von Lithium besteht auch bei den – an sich seltenen – manischen Phasen. Die manischen Symptome verschwinden nach drei bis sechs Tagen oraler Medikation. Ist der manische Patient aggressiv-agitiert, geben wir Distraneurin (500 mg i.v.) und setzen dann Lithium hinzu. Für den praktischen Arzt ist weniger die Indikation zur Lithium-Prophylaxe wichtig, als die gewissenhafte Kontrolle der Einnahme.

Der Depressive möchte in der Remissionsphase am liebsten nichts mehr von seiner abgelaufenen Depression hören. Die Einnahme jeder Pille erinnert ihn aber an seine katastrophal durchlebte Zeit. Die Patienten nehmen daher die Lithium-Pille nach einigen Monaten nur mehr unregelmäßig ein und hören dann ganz auf. Das muß der Arzt ständig kontrollieren und auch dem Ehepartner oder anderen Familienangehörigen den Ernst der Situation vor Augen halten.

In der depressiven Phase selbst ist Lithium unwirksam, obwohl gelegentlich Berichte aufscheinen, die eine antidepressive Wirkung angeben. Wenn mehrere depressive Phasen – womöglich mit Verkürzung der Remissionsphasen – aufgetreten sind, soll man dem Patient zu einer Lithium-Therapie raten. Am gebräuchlichsten ist Quilonum (Lithium-Azetat) oder Hypnorex (Lithium-Carbonat). Wir bevorzugen Quilonum retard (2 Tabletten täglich) und bestimmen anfangs zweimal monatlich den Lithium-Spiegel im Plasma, später einmal monatlich. Der Spiegel soll zwischen 0,8 bis 1,2 m val/l liegen.

Die Dosierung richtet sich – unserer Ansicht nach – nicht nur nach dem Spiegel im Plasma sondern auch nach den Nebenwirkungen. Es kann zum Beispiel ein Parkinson-ähnlicher Tremor auftreten, der den Patient und die Angehörigen natürlich schreckt. Man soll daher auf diese möglichen Nebenwirkungen aufmerksam machen. Gegen diesen Tremor wirken Antitremormittel, wie Akineton, Kemadrin, Artane gut. Auch Beta-Rezeptorenblocker (Visken, Trasicor) werden empfohlen. Der Ruhetremor wird durch diese Rezeptorenblocker kaum beeinflußt. Die Steigerung des Tremor durch affektiv-emotionale Streß-Situationen wird jedoch gut blockiert. Es gibt immer wieder Patienten, die mit solchen Rezeptorenblockern sehr zufrieden sind; treten aber cardiale Nebenwirkungen auf, dann muß man sie sofort absetzen. Gastro-intestinale Nebenwirkungen – Übelkeit, Magenkrämpfe, Durchfall – können gegebenenfalls auftreten, was natürlich zur Reduktion der Dosis zwingt. Auch euthyreote Strumen werden beobachtet – unserer Erfahrung nach: selten – sie zwingen nicht zum Absetzen, sondern nur zur zusätzlichen Gabe von Schilddrüsenpräparaten. Liegt der Lithium-Spiegel über 1,5 m val/l, dann sind toxische Nebenwirkungen zu erwarten: für den Praktiker ist dies eine absolute Indikation, den Patienten in eine Klinik einzuweisen.

Das schwierigste Problem bei der Lithium-Therapie besteht darin, den Patient zu veranlassen, die Behandlung mindestens 2 Jahre, meist aber noch länger, fortzusetzen; das erfordert eine beträchtliche Autorität.

Das wäre das Wesentlichste über die Pharmakotherapie der Depression. Wer sich ausführlicher orientieren will, beschaffe sich das ausgezeichnete Buch von *Benkert* und *Hippius.* Es enthält eine sehr schön gegliederte Zusammenstellung zahlreicher psychopharmakologischer Drogen.

Der Schlafentzug

Es ist dies ein Behandlungsversuch, der mehr experimentelles als therapeutisches Interesse beanspruchen kann *(Pflug-Tölle).*

Der depressive Kranke wird am Nachtschlaf gehindert und zeigt dann für einen oder mehrere Tage eine wesentliche Befreiung von seinen Symptomen. Diese Methode des Schlafentzuges erinnert an die paradoxe Kinesie der Parkinson-Kranken: Parkinsoniker, die sich kaum aus dem Bett bewegen können und nicht in der Lage sind, kurze Wegstrecken zu gehen, sind plötzlich – unter einem lebensbedrohenden Streß – in der Lage, auch längere Strecken zu laufen. Das heißt, in einer lebensbedrohenden Situation kann der Parkinson-Kranke seine letzten Dopamin-Reserven mobilisieren und in Bewegung umsetzen.

Ein echter Zuwachs an biochemischen Wirkstoffen kann durch den Schlafentzug nicht erwartet werden, sondern nur eine Umlagerung der Energien. *Schmocker* und *Heimann* legten eine exakte experimentelle Studie über 30 depressive Patienten vor, die mit Schlafentzug behandelt wurden. Gleichzeitig wurden sie mit einer breiten Palette physiologischer und biochemischer Untersuchungen kontrolliert. Der bei diesem Experiment aufgetretene Abfall des Tyrosins im Plasma nach Schlafentzug scheint uns plausibel, da der Mehrverbrauch an Noradrenalin während der erzwungenen Wachphase durch den Precursor Tyrosin substituiert werden muß. Auch der Anstieg des Tryptophans nach Schlafentzug ist einfach zu erklären: wenn man nachts nicht schläft, verbraucht man kein Serotonin; dieser Minderverbrauch führt über Feedbackmechanismen zu einem Rückstau des Precursors Tryptophan. Der Schlafentzug erscheint uns insofern als interessantes Experiment, als er demonstriert, daß äußere Milieustressoren imstande sind, die biochemischen Transmittersysteme des Organismus zu stimulieren oder auch zu inhibieren, was mit charakteristischen Verhaltensweisen einhergeht.

Das therapeutische Gespräch – eine Energieübertragung vom Arzt auf den Patient

Das größte Unglück für einen depressiven Patient ist es, einem Psychotherapeuten in die Hände zu fallen. Das Eingehen auf Tiefenprobleme, auf Konfliktstoffe aus der Vergangenheit steigert die affektive Desintegration des Depressiven und bringt ihm keinesfalls eine – auch nur vorübergehende – Entspannung oder Befreiung von seiner Qual.

Andererseits ist jedes ärztliche Gespräch für den Patienten ein Gewinn. Er muß überzeugt werden, daß seine Beschwerden Ausdruck einer echten Krankheit sind und nicht, wie ihm Ehepartner oder Freunde versichern: „Das bildest du dir alles nur ein, wenn man will, kann man alles überwinden . . .“ Solche Floskeln machen ihn nur noch unglücklicher. Ein affektiver Kontakt zwischen Arzt und Patient ist insbesonders bei ambulanter Behandlung eine absolute Voraussetzung des Erfolges. Natürlich ist der Kranke bestrebt, jedesmal die ganze Leier seiner Beschwerden herunterzuhaspeln; das kann man einige Male über sich ergehen lassen, dann aber muß man ihm ruhig versichern, daß sein Zustand durch die wiederholte Aufzählung seiner Beschwerden in keiner Weise besser wird; er muß diese Welle über sich ergehen lassen und sich mit dem Rest seiner protektiven Kräfte gegen die Brandung zur Wehr setzen. – Ich wundere mich immer wieder, wenn depressive Patienten in Wien über weite Strecken zu mir kommen, um sich 3ml Saroten i.m. injizieren zu lassen! Das kurze Begleitgespräch, das kleine Aufhellungen der Stimmung bringt, läßt sie trotz der Belastung durch den Großstadtverkehr ihre innere Adynamie überwinden.

Der menschliche Kontakt mit dem Arzt schlechthin gibt dem Depressiven Halt, er führt ihn aus dem Chaos. Ganz unwirksam und schlecht ist der Rat, den manche Ärzte den Patienten immer wieder geben: ,,Sie sind überlastet, überfordert, sie müssen ausspannen, fahren Sie auf Urlaub.'' Der Depressive fühlt sich am wohlsten und am sichersten in seinen 4 Wänden. Jede Veränderung ist eine zusätzliche Belastung, die zur Verschlechterung, nicht selten zum Suizid führt. Bei leichten Depressionen ist es zweckmäßig, sie im Arbeitsprozeß zu belassen. Man hört immer wieder: ,,Solange ich beschäftigt bin, geht es mir halbwegs gut, das arbeitsfreie Wochenende glaube ich nicht zu überleben.'' Es darf natürlich keine Arbeit mit großer Verantwortung und wichtigen Entscheidungen sein, denn die Angst zu versagen, steigert das Unbehagen des Kranken.

Auch Ratschläge wie: ,,Zerstreuen Sie sich, gehen Sie ins Theater oder lesen Sie Bücher'' sind fehl am Platz. Der Depressive hat weder die Konzentrationsfähigkeit noch das Bedürfnis zu zwischenmenschlichen Kontakten. Er möchte allein in seinem Zimmer sitzen, aber doch jemanden neben sich haben, der ihm Geborgenheit garantiert. Dieser Energieträger und Sicherheitsgarant für die 50jährige Tochter ist sehr häufig die 80jährige Mutter oder der Ehepartner, wobei sich Männer im allgemeinen weniger dafür eigenen, ihre depressiven Frauen aufzurichten als umgekehrt.

In erster Linie ist es der Arzt, der dem Depressiven Halt geben muß. Depressive sind die einzigen Patienten, die mich zu jeder Tages- und Nachtzeit anrufen dürfen. Oft gelingt es durch ein kurzes Gespräch, eine Krise zu überwinden. Eine wichtige Voraussetzung für diese Hilfe liegt darin, daß der Arzt mit voller Überzeugung dem Kranken versichern kann, daß er wieder völlig gesund wird. Einem Kranken, der von seinen Selbstmordgedanken gequält wird, sage ich immer: „Schauen Sie, wenn Sie Krebs hätten, würde ich Ihre Selbstmordgedanken ganz verstehen, aber bei einer Depression ist es widersinnig sich umzubringen, weil man völlig gesund wird."

Bei den wenigen gläubigen Menschen, die es heute noch gibt, ist die Einstellung: diese Prüfung über sich ergehen zulassen, eine echte Hilfe. Für diese Menschen ist ein Gespräch mit einem Priester mit psychiatrischer Ausbildung von großem Gewinn.

Der Arzt, als Autorität durch sein Wissen und seine Persönlichkeit, kann den Kranken durch schwerste Krisen hindurchführen. Für mich ist jede Psychotherapie ein Energiefluß vom Therapeuten zum Kranken. Die Methode an sich ist Nebensache. Wenn ich in meiner Sprechstunde durchschnittlich 10–15 Depressive aufrichte, spüre ich abends, daß ich selbst völlig ausgebrannt bin. Das zeigt, daß eine affektiv-emotionale Energieübertragung möglich ist und für den Kranken eine echte Hilfe darstellt.

Die Einweisung eines Depressiven in eine Klinik sollte vom praktischen Arzt dann erfolgen, wenn eine akute Selbstmordgefahr vorliegt und wenn die Lösung aus einem belastenden Familienmilieu förderlich erscheint. Die Umstellung des Kranken in das Spitalsmilieu ist aber auch wieder eine Belastung; der geregelte Spitalsbetrieb ist für ihn ein Streß. Eine gut geführte Klinik aber, gewährt – wie das Zurückkriechen in den Uterus – einen vollwertigen biologischen Schutz.

Es gibt wenig ärztliche Handlungen, die eine solche Befriedigung auslösen, wie das erfolgreiche Hindurchschleusen eines Depressiven durch seine chaotische Phase.

4. Schlußbemerkung

Dieser Bericht ist eine rein subjektive Übersicht über den Problemkreis Depression. Er soll keineswegs als Katechismus mit starren Dogmen aufgefaßt werden. Eine objektive Wahrheit gibt es nicht. Für wahr gilt ein Phänomen, das in einer Zeitphase von der Mehrheit als allgemein gültig anerkannt wird. Forschung und Therapie der Depression sind heute derart im Fluß, daß es allgemein gültige Grundsätze noch nicht gibt. Für den praktischen Arzt schien es mir wesentlich, ihm ein brauchbares Koordinatensystem zu übermitteln.

Wenn er nur 50 % der dargebotenen Information in seinen medizinischen Erfahrungsschatz amalgamiert, scheint der beabsichtigte Versuch gelungen zu sein.

5. Literatur

Abschnitt Biochemie

(1) *Amin, A. M., Crawford, T. B.B., Gaddum, J. U.:* The distribution of 5–0H-tryptamin and substance P in the central nervous system. Abstr. XIX int. physiol. Congr., p. 165 (1953).

(2) *Ashcroft, G. W., Crawford, T. B. B., Eccleston, D., Sharman, D. F., Mac Dougall, E. J., Stanton, J. B., Binns, J. K.:* 5-Hydroxyindole compounds in the cerebrospinal fluid of patients with psychiatric or neurological disease, Lancet II, 1049 (1966).

(3) *Benkert, O., Renz, A., Marano, C., Matussek, N.:* Altered tyrosine daytime plasma levels in endogenous depressive patients. Arch. Gen. Psychiat. 25, 359 (1971).

(4) *Birkmayer, W.:* Die polygraphische Registrierung des antidepressiven Effektes. Proc. IVth World Congr. Psychiat. Madrid 1966. D+IV. p 2337. (Excerpta med. Found. Amsterdam 1668).

(5) *Birkmayer, W., Neumayer, F., Stöckl, W., Weiler, G.:* Defizit essentieller Aminosäuren bei endogener Depression. Wiener klin. Wschr. 80. Jhg. (1968), Nr. 45/46, S. 832–834.

(6) *Birkmayer, W., Danielczyk, W., Neumayer, E., Riederer, P.:* The balance of biogenic amines as condition for normal behaviour. Journal of Neural Transmission 33, 163–178 (1972).

(7) *Birkmayer, W., Linauer, W.:* Störung des Tyrosin- und Tryptophanmetabolismus bei Depression. Arch. Psychiat. Nervenkr. 213, 377–387 (1970).

(8) *Birkmayer, W., Riederer, P.:* Biochemical Post-Mortem Findings in Depressed Patients. Journal of Neural Transmission 37, 95–109 (1975), by Springer Verlag 1975.

(9) *Bond, P. A., Jenner, F. A., Sampson, Gwyneth, A.:* Daily variations of the urine content of 3-methoxy-4-hydroxyphenylglycol in two manic-depressive patients. Psychol. Medicin 2,81–85 (1972)

(10) *Brodie, B. B., Shore, P. A.:* A concept for a role of serotonin and norepinephrine as chemical mediators in the brain. Ann. New York, Acad. Sciences 66, 631–642 (1957).

(11) Bunney, W. E., jr., Mason, J. W., Hamburg, D. A.: Correlations between behavioural variables and urinary 17-hydroxycorticosteroids in depressed patients. Psychosom. Med. 27, 299–308 (1965).

(12) Caroll, B. J.: Control of plasma cortisol level in depression: studies with the dexamethasone suppression test, in: Depressive Illness: Some Research Studies (Davis, B., Caroll, B. J., Mowbray, R. M., eds.), pp. 87–148. Springfield, Ill.: Charles C Thomas. 1972.

(13) Carlsson, A., Lindquist, M., Magnusson, T., Waldeck, B.: On the presence of 3-Hydroxytyramine in brain. Science 137, 471–473 (1958).

(14) Coppen, A., Shaw, D. M., Mallerson, A., Eccleston, E., Gundy, G.: Tryptamine metabolism in depression. Brit. J. Psychiat. 111, 993–998 (1965).

(15) Coppen, A.: Serotonin in the affective disorders. Factors in Depression (Kline, N.S., ed.), pp. 33–44. New York: Raven Press. 1974.

(16) Euler von, U.S.: A specific sympathomimetic ergone in adrenergic nerve fibres and its relations to adrenaline and noradrenaline. Acta physiol. scand. 12, 73–97 (1946).

(17) Frazer, A., Pandey, G. N., Mendels, J.: Metabolism of tryptophan in depressive disease. Arch. Gen. Psych. 29, 528–535 (1973).

(18) Glowinsky, J., Kopin, I. J., Axelrod, J.: Metabolism of (^{3}H) norepinephrine in the rat brain, J. Neurochem, 12, 25–30 (1965).

(19) Greenspan, K., Schildkraut, J. J., Gordon, E., et al.: Catecholamine metabolism in affective disorders: III MHPG and other catecholamine metabolites in patients treated with lithium carbonate. J. Psychiat. Res. 7, 171–183 (1970).

(20) Holtz, P., Heise, R., Lüdke, K.: Fermentativer Abbau von L-Dioxyphenylalanin (Dopa) durch die Niere. Arch. exp. Path. Pharmak. 191, 87–118/1938.

(21) Jouvet, M.: Mechanisms of the states of sleep: A neuropharmacolocial approach. In: Sleep and Altered States of Consciousness. Ed.: S. S. Keti; E. V. Evarts; H. L. Williams Williams and Wilkins, Baltimore (1967).

(22) *Klempel, K.:* Orientierende Untersuchung des zirkadianen Plasma-Tyrosin-Rhythmus depressiver Syndrome unterschiedlicher Ätiologie. Arch. Psychiat. Nervenkr. 216, 131–152 (1972).

(23) *Maas, J. W., Fawcett, J., Dekirmenjian, H.:* 3-Methoxy-4-hydroxyphenylglycol (MHPG) excretion in depressive states. Arch. gen. Psychiat. 19, 129 (1968).

(24) *Riederer, P., Birkmayer, W., Neumayer, E.:* The tyrosine-tryptophandiagram in a longtime study with depressed patients. Journal of Neural Transmission 34, 31–48 (1937).

(25) *Riederer, P., Birkmayer, W., Neumayer, E., Ambrozi, L., Linauer, W.:* The daily rhythm of HVA, VMA (VA) and 5-HIAA in depression-syndrom. Journal of Neural Transmission 35, 23–45 (1974).

(26) *Schildkraut, J. J.:* The catecholaminehypothesis of affective disorders. Amer. J. Psychiat. 122, 509–522 (1965).

(27) *Twarog, B. M., Page, J. H.:* Serotonin content of some mammalian tissues and urine and a method for its determination. J. Physiol. (Paris) 175, 157–161 (1953).

(28) *Vogt, M.:* The concentration of sympathin in different parts of the central nervous system. J. Physiol. (London) 123, 451–481 (1954).

Abschnitt Klinik

(1) *Ambrozi L., Birkmayer, W.:* Arzneim. Forsch. **16,** 270–72 (1966)

(2) *Angst, J.:* Zur Ätiologie und Nosologie endogen depressiver Psychosen, Springer, Berlin 1966

(3) *Birkmayer, W., Winkler, W.:* Klinik und Therapie der vegetativen Funktionsstörungen, Springer, Wien 1951

(4) *Birkmayer, W., Ambrozi, L.:* Arzneim. Forsch. **17,** 1329–31 (1967)

(5) Birkmayer, W., Neumayer, E.: Therapeut. Umschau **25,** 30–32 (1968)

(6) Birkmayer, W., Danielczyk, W., Neumayer, E., Seemann, D.: Österr. Ärztezeitung **27,** 1–4 (1972).

(7) Birkmayer, W., Neumayer, E., Riederer, P.: Die larvierte Depression, ed. Paul Kielholz, Huber/Bern, S. 165–182 (1973)

(8) Birkmayer, W.: Diagnostik der Depression in Die Depression in der täglichen Praxis, ed. Paul Kielholz/Bern (1974) S. 43–49

(9) Ewald, G.: Neurologie und Psychiatrie, Urban & Schwarzenberg/München u. Berlin (1964)

(10) Hamilton, M.: J. Neurol. Neurosurgery and Psychiatry **23,** 56 (1960)

(11) Heimann, H.: in Die larvierte Depression, ed. Paul Kielholz. H. Huber/Bern, S. 32–52 (1973)

(12) Heimann, H.: in Die Depression in der täglichen Praxis, ed. Paul Kielholz, H. Huber/Bern, S. 53–57 (1974)

(13) Heimann, H.: Arch. Psychiat. Nervenkr. **220,** 225–268 (1975)

(14) Janzarik, W.: Dynamische Grundkonstellationen der endogenen Psychosen, Springer/Berlin 1959

(15) Kielholz, P.: Diagnose und Therapie der Depressionen für den Praktiker, Lehmann, München 1971

(16) Lemke, A.: Psychiat. Neurol. med. Psychol. (Lpz.) **1,** 161 (1949)

(17) Lenz, H.: Wien, Z. f. Nervenheilk. **18,** 321–356 (1961)

(18) Lenz, H.: Vergleichende Psychiatrie, Maudrich/Wien (1964)

(19) Lenz, H.: Wien Z. f. Nervenheilk. **25,** 286–296 (1967)

(20) Lopez Ibor, J. J.: in Die larvierte Depression, ed. Paul Kielholz, H. Huber/Bern, S. 97–113 (1973)

(21) Nissen, G.: in Die larvierte Depression, ed. Paul Kielholz, H. Huber/Bern, S. 133–144 (1973)

(22) Pöldinger, W.: Ärztliche Fortbildung **20,** 508–512 (1970)

(23) Pöldinger, W.: Praxis der Psychotherapie **16,** 185–194 (1971)

(24) Pöldinger, W.: Therapie Woche **22,** 1–6 (1972)

(25) Ringel, E.: Selbstmordverhütung, Huber/Bern (1969)

(26) Walcher, W.: Die larvierte Depression, Hollinek/Wien (1969)

(27) Wurtmann, J. R. und Mitarbeiter: Science **158,** 660–67 (1967)

(28) Zerbin-Rüdin, E.: Genet. Faktoren bei der Schizophrenieentstehung, ed. G. Huber Schattauer/Stuttgart (1971)

(29) Zung W. W. K.: Amer. J. Psychiat. **126,** 116 (1969)

Abschnitt Therapie

(1) Benkert, O., Hippius, H.: Psychiatrische Pharmakotherapie, Springer/Berlin 1974

(2) Birkmayer, W.: Ärztliche Praxis (1970) **87,** 4729–31

(3) Birkmayer, W.: Der informierte Arzt (1974) **1,** 5–8.

(4) Birkmayer, W., Danielczyk, W.: Klin. Med. (1959) **14,** 337–40

(5) Birkmayer, W., Seemann, D.: Wien. med. Wschr. (1961) **111,** 1–12

(6) Heimann, H.: Therapeutische Umschau (1974), 829–32

(7) Kielholz, P.: Psychiatrische Pharmakotherapie (1965), Huber/Bern

(8) Kline N.S.: Factors in Depression (1974) Raven Press/New York

(9) Kuhn, R.: Schweiz. med. Wschr. (1957) **87,** 1135–40

(10) Pflug, B., Tölle, R.: (1971) Nervenarzt **42,** 117–24

(11) Pöldinger, W.: Kompendium der Psychopharmakotherapie, Hoffmann-la Roche/Grenzach (1971)

(12) Schmocker, M., Baumann, P., Reyero, F. und Heimann, H.: Arch. Psychiat. Nervenkr. (1975) **221,** 111–122

Der Wandel
in der Psychopharmakotherapie beginnt mit Thombran durch sein neuartiges, eigenständiges pharmakologisches und therapeutisches Wirkungsprofil.

Thombran
wirkt im psychoreaktiven und psychosomatischen Bereich wie ein Anxiolytikum,
im Bereich der Depressionen wie ein Antidepressivum.

Thombran
entfaltet seine Wirksamkeit
ohne
die störenden Nebenwirkungen der bekannten Antidepressiva

Thombran
ist charakterisiert durch raschen Wirkungseintritt und frühzeitige Stimmungsaufhellung

---

Neuer Wirkstoff:
Thombran unterscheidet sich in seinem Aufbau sowohl von den tri- und tetrazyklischen Antidepressiva als auch von den MAO-Hemmern und Tranquilizern.

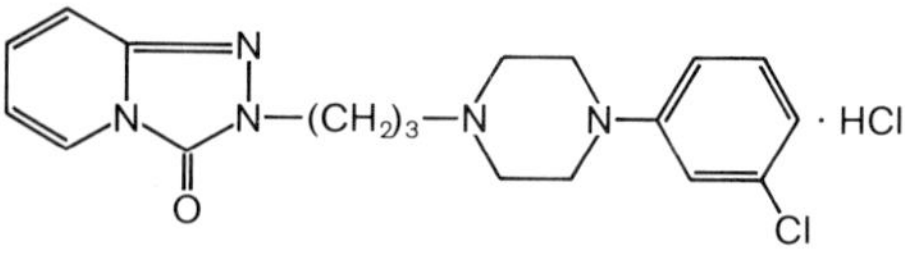

2-[3-[4-(m-Chlorphenyl)-piperazin-1-yl]propyl]-s-triazolo[4,3-a]pyridin-3(2H)-on-hydrochlorid

Umfassende Wirksamkeit:
Das in klinischen Untersuchungen weltweit ermittelte breite Wirkungsspektrum wird auf das besondere Wirkungsprofil zurückgeführt.

Thombran wirkt
im psychoreaktiven Bereich
bei
- Angst
- Spannung
- innerer Unruhe
- Gereiztheit
- Erregung
- psychosomatischen Beschwerden

Thombran wirkt
im Bereich der Depressionen
bei
- ängstlich-psychomotorischer Erregtheit
- vital-depressiver Verstimmung
- larvierten Depressionen

Verträglichkeit:
Die Behandlung mit Thombran verläuft:
- ohne kardiotoxische Effekte
- ohne extrapyramidale Symptome
- ohne Steigerung des Augeninnendrucks
- ohne Akkommodationsstörungen
- ohne Miktionsstörungen
- ohne Atemdepression

Rascher Wirkungseintritt:
In allen bisher durchgeführten klinischen Prüfungen und Doppelblindversuchen zeichnete sich Thombran durch einen raschen Wirkungseintritt aus.

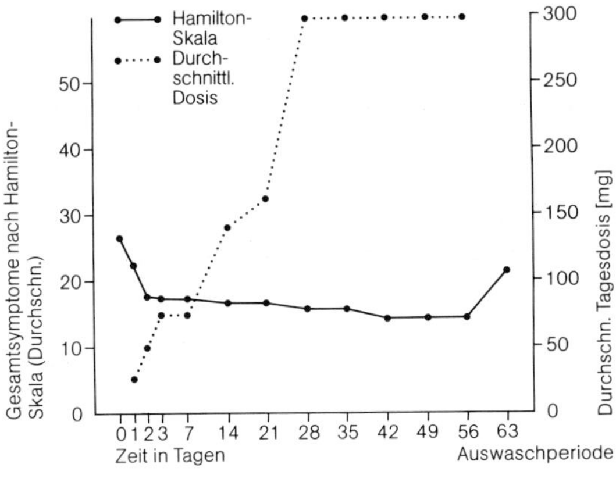

Bereits nach 2 Behandlungstagen mit Thombran hochsignifikante ($p < 0{,}001$) Abnahme der depressiven Symptomatik ($n = 10$)

Ban. T.A. et al.: Int. I. Clin. Pharmacol. 9, 23 (1974)

Thombran®

Psychopharmakon

Kapseln · Ampullen

Dosierung und Anwendungsweise: Um bei dem weitgespannten Indikationsgebiet einen therapeutisch optimalen Effekt zu erzielen, ist eine individuelle und einschleichende Dosierung ratsam.
Grundsätzlich soll Thombran *nach* den Mahlzeiten eingenommen werden.
Folgendes Schema gilt für die langsame Steigerung der oralen Einnahme zu Beginn der Therapie:
1. bis 3. Tag: abends 1 Kapsel;
4. bis 6. Tag: morgens 1 Kapsel und abends 1 Kapsel;
ab dem 7. Tag: morgens 1 Kapsel und abends 2 Kapseln
} der jeweiligen Stärke von Thombran

Für die Erhaltungsdosis gelten folgende Empfehlungen:

ab dem 7. Tag:	Thombran mite (25 mg/Kapsel)	Thombran (50 mg/Kapsel)	Thombran forte (100 mg/Kapsel)
Psychische Symptomatik im Alter	bis zu 3 Kapseln täglich		
Psychovegetative und psychosomatische Störungen	bis zu 6 Kapseln täglich oder	bis zu 3 Kapseln täglich	
Depressivität		3 Kapseln täglich	
Depressionen versch. Genese im allgemeinen		3 – 6 Kapseln täglich oder	bis zu 3 Kapseln täglich
in schweren Fällen			3 – 6 Kapseln tägl.
Beim Absetzen der Behandlung: Dosierung langsam vermindern.			

Falls erforderlich, ist die Therapie mit Thombran auch *parenteral* (intravenös) durchführbar. Genaue Angaben entnehmen Sie bitte dem Wissenschaftlichen Prospekt.

Zusammensetzung: 2-[3-[4-(m-Chlorphenyl)piperazin-1-yl]propyl]-s-triazolo[4,3-a]pyridin-3(2H)-on-hydrochlorid.
Thombran mite: Kapseln mit 25 mg Wirkstoff. *Thombran:* Kapseln mit 50 mg Wirkstoff. *Thombran forte:* Kapseln mit 100 mg Wirkstoff. *Thombran Injektionslösung:* Ampullen zu 2,5 ml mit 25 mg Wirkstoff; Ampullen zu 5,0 ml mit 50 mg Wirkstoff.

Anwendungsgebiete: *Im Bereich affektiver Störungen:* Depressivität ohne psychotischen Krankheitswert wie: Dysphorie, auch infolge von Alkoholabusus oder Abstinenzerscheinungen, und Dysthymie, besonders in Verbindung mit Angstzuständen. *Im psychiatrischen Bereich:* Endogene, psychogene und somatogene Depressionen unterschiedlicher Ausprägung. *Im psychovegetativen und psychosomatischen Bereich:* Emotionelle Entgleisungen im Rahmen psychoreaktiver Verstimmungszustände, verbunden mit Reizbarkeit, Angst-, Unruhe- und Spannungsgefühl. *Psychische Symptomatik im Alter:* Verhaltensstörungen, Kontaktarmut, Minderwertigkeitsgefühl, Mutismus, Reizbarkeit und Unruhe, Angst-, Spannungszustände und Affektinkontinenz. Leichte und mittelschwere Formen von Spätdepressionen.

Nebenwirkungen, Begleiterscheinungen: In allen klinischen Untersuchungen konnte die ausgezeichnete Verträglichkeit von Thombran bestätigt werden. Begleiterscheinungen, wie Schläfrigkeit, Erregung oder Schlaflosigkeit, Schwindel, Schweißausbruch oder Magenbeschwerden treten selten auf und sind vorübergehender Natur.

Unverträglichkeiten und Risiken: Bisher keine bekannt.

Besondere Hinweise: Dieses Arzneimittel kann auch bei bestimmungsgemäßem Gebrauch das Reaktionsvermögen soweit verändern, daß die Fähigkeit zur aktiven Teilnahme am Straßenverkehr oder zum Bedienen von Maschinen beeinträchtigt wird. Dies gilt in verstärktem Maße im Zusammenwirken mit Alkohol. In Tierversuchen zeigte Thombran auch bei hoher Dosierung keine teratogenen Eigenschaften. Dennoch sollten Arzneimittel während der Schwangerschaft, besonders in den ersten drei Monaten, nur unter strenger Indikationsstellung verordnet werden.

Darreichungsformen und Packungsgrößen:
Thombran mite (25 mg/Kapsel): OP mit 20 Kapseln DM 7,15, OP mit 50 Kapseln DM 16,25.
Thombran (50 mg/Kapseln): OP mit 20 Kapseln DM 9,45, OP mit 50 Kapseln DM 21,50.
Thombran forte (100 mg/Kapseln): OP mit 20 Kapseln DM 13,90, OP mit 50 Kapseln DM 30,25.
Thombran Injektionslösung (25 mg/2,5 ml): OP mit 5 Ampullen DM 8,55, OP mit 10 Ampullen DM 15,55.
Thombran Injektionslösung (50 mg/5 ml): OP mit 5 Ampullen DM 11,85, OP mit 10 Ampullen DM 21,65.
Klinikpackungen.